日本英米比較憲法論

川手忠義著

大正六年發行

日本英米比較憲法論

日本立法資料全集 別巻 1231

信山社

川手忠義著

日本憲法論
英米比較

東京 日比谷書房

序

我國文化漸く普く國民の政治思想愈々盛ならんとす。然れども我國體を基礎とせる憲法々理を宣明して政論を唱道する者誠に尠く、又歐米の政治を語る者多しと雖も其國の憲法々理を理解する者に至ては極めて稀なり。之を學海の趨勢に徵するも亦然り。獨逸聯邦及普魯西等の憲法に關しては多少の著書なきに非ずと雖も其英米の憲法を紹述して比較研究を爲す者の如きは晨星寥々、眞に學海の恨事たり。

我友川手忠義君は曾て中央大學に在り、後米國に遊び法律學上及歷史學上より各國憲法を研究し得るところ頗る多し。頃者一書を著し題して「日本英米比較憲法論」と云ふ理義精明、文章雄健、以て帝國憲法の眞諦を發揮し兼て英米兩國ノ憲法に及ぶ。比較對照宜きを得、法理上及思想上に於ける異同を明にし克く時代の要求に適應せり。卽ち欣んで卷頭に一言を序す。

大正六年五月上浣

法學博士　花井卓藏

自序

立憲政治ハ今ヤ世界ノ大勢ナリ、然リト雖モ其ノ憲法ヲ制定シ、國會ノ設ケアル所謂立憲國ニシテ、立憲政治ガ眞實立憲的ニ行ハレツヽアルモノニ至リテハ其ノ數誠ニ少シ。悲哉、我國モ亦其ノ域ヲ脱スルヿ能ハザルモノナリ。蓋シ是レ等ノ國ニ在リテハ國民ノ政治的自覺ガ未ダ立憲制ニ適スル迄ニ發達シアラザルモノト謂ハザル可カラズ。我國ニ於テモ憲法實施以來已ニ三十ケ年、而モ猶ホ完全ニ憲法政治ノ實ヲ擧ゲ得ルニ到ラザルハ其ノ罪一ツニ國民ノ政治的自覺ノ不足ニ歸セザル可カラズ、人アリ若シ憲政トハ何ゾヤ、立憲的トハ何ゾヤト問ハレタリトシテ、果シテ克ク之レガ正解ヲ爲シ得ル者幾人ゾ、世ノ一般低級國民ニシテ之レヲ識ラザル猶ホ恕スベシ、然レドモ所謂識者、政治家ヲ以テ任ズル人ニシテ杜撰謬妄ノ說ヲ爲ス者少ナカラザルニ至リテハ實ニ驚カザルヲ得ザルナリ。

今日立憲思想ノ缺乏セルヿ斯ノ如ク、憲制ノ何物タルスラ識ラザル者少ナカラザルニ拘ラズ、一部ノ政客、政論家ノ間ニハ遙ニ泰西立憲國憲制ノ精華ニ憧憬セラレ、國體ノ如何ヲモ顧ズ、濫リニ淺薄ナル論議ヲ恣ニスル者アリト雖モ洵ニ思ハザルノ甚ダシキモノナリ。

泰西ニ於テモ英國ニハ英國一流ノ國體及政治思想ア

リ、北米合衆國ニハ北米合衆國トシテノ國情及國民思想アリ、其他獨・佛・伊等ノ諸國ニ於テモ皆ナ然ラザルナシ。我國ニハ亦我國固有ノ國體及國民ノ確信アリテ、其ノ憲法ノ解釋運用ヲ爲スニ當リテモ自ラ其ノ途ヲ異ニス可キモノナリ。

本書ニ於テ外國憲法ノ比較ヲ單ニ英、米二國ニノミ採リシハ、英國ハ立憲政治ノ元祖ニシテ、憲制ノ精華ハ英國ニ於テノミ獨リ其ノ名ヲ恣シ、敢テ憲法成典ノ存在ナシト雖モ、其ノ運用ノ巧妙ナル他國ノ到底企及スベキ所ニ非ズ、其ノ間亦幾多ノ立憲的慣習ノ採テ以テ學ブベキモノ少ナカラザルニ因ルト、又北米合衆國憲法ハ近世的成文憲法ノ嚆矢ニシテ、國家組織ノ基礎ヲ憲法ニ置キ、三權分立ノ主義ヲ嚴明ニセルコト他ニ類例ナク、他邦ノ以テ模範トスベキ點少ナカラザルトニ因ル。而シテ其他ハ歐米先進國ノ憲法ト雖モ、皆ナ其ノ範ヲ英、米二國ニ採リシニ過ギザルモノナリ。若シ夫レ本書ヲ以テ初學者ガ憲法ヲ比較研究スルノ便ニ供スルヲ得、兼テ我國民ニ立憲思想ヲ普及スルノ一助トモ爲リ、併テ徒ニ英、米政界ノ風潮ニ心醉スル者ノ蒙ヲ啓クコニ聊カタリトモ貢獻スルヲ得バ著者ノ光榮トスル所ナリ。

大正六年五月

川手忠義識ス

凡言

一、本書ハ各章節ニ於テ主トシテ我國憲法ノ法理ヲ論ジ、併テ直ニ英、米兩國憲法ヲ比較スルノ方法ヲ採リ以テ研學ノ便ヲ計リタリ。

二、本書ニ於テ米國トハ單ニ「北米合衆國」ヲ略稱セルモノナリ。

日本英米比較憲法論目次

日本英米比較憲法論目次終

日本英米比較憲法論

川手忠義著

第一編　緒論

第一章　國家

第一節　國家ノ觀念

國家ノ起因

事物ハ其ノ成立ニ必ズ起原ト歷史トヲ有ス、國家ノ成立スル亦同ジ。人類ノ始メテ發生スルヤ先ヅ近親相寄リ、同族相集マリテ生活ヲ爲ス、其ノ近親ノ相寄ル所ハ一家ヲ成シ同族ノ相集ル所ハ部落卽チ團體ヲ構成ス。蓋シ適者生存ノ理ハ各人各別ノ行動ヲ爲スヨリモ多數團結スルコトノ便益多キガ常ナルヲ以テ、玆ニ民族集合シテ團體ヲ形成スルノ因ヲ爲スモノナリ。其ノ發達ノ中途ニ於テ或ハ他民族ノ混入スルコトアルモ、相類スルモノハ牽テ之レヲ同化シ、相容レザルモノハ闘テ之レヲ排除シ、團體ノ安寧ト福利トヲ謀ルヲ理法トス。然レドモ其ノ團體ノ愈々尨大スルニ及デハ種族相混ジテ同一始祖ヲ中心トシテ團結スルノ思想ヲ保存シ能ハザルニ至ル、於是カ或ル地域ヲ定メテ結合シ共同生活ヲ營ムノ必要ヲ感ズルノ狀況ニ達ス。斯ノ如キ事情ノ下ニ發達シタル團體ニシテ、其ノ團員ガ共同ノ目的ヲ有シ、一致シテ利益ト秩序ノ維持トヲ謀ル爲メ權力ヲ以テ支配スルノ觀念ヲ生ジ、且ツ土地ノ區域ヲ定ムルニ到ル時ハ、茲ニ初メテ國家ノ形體ヲ構成スルニ至ルモノナリ。

一、國家ハ民族的團體ナリ。

民族的團體

多數人ガ相集ルト雖モ、其ノ團體タルニハ協力一致スル共同ノ目的ヲ有スルコトヲ要件トス。共同ノ目的トハ多數人ガ同一ノ目的ヲ有スルヲ謂ヒ、協力一致スルトハ其ノ同一ノ目的ヲ共同ノ力ヲ以テ達セントスルヲ謂フ。故ニ如何ニ多數人ノ集合ナリト雖モ、此ノ一致ノ力ト共同ノ目的トヲ有スルニアラザレバ團體ニ非ズ。例ヘバ芝居ノ見物人ノ如キハ目的ハ偶然一致スルモ協力一致スルモノニアラザルヲ以テ團體ニ非ズ。

國家タル團體ハ民族的ニ集合スルコトヲ要ス。茲ニ民族的ト云フモ同一民族ノミノ集合ノ意ニ非ズ、已ニ述ベタルガ如ク國家タル團體ハ其ノ發達ノ中途ニ於テ、適者生存ノ理ニ由リ他種族ノ混入アルヲ免ル能ハズ、然レドモ其ノ一國ヲ組織スル中心ガ必ズ或ル優秀ナル民族ニ依リ掌握セラレ、又此ノ中心民族ヲ基礎トシテ他種族ハ附從的ニノミ國家團體ヲ組織セラル、ガ實狀ナリ、是レ國家ヲ民族的團體ナリト謂フ所以ナリ。學者或ハ單ニ『人類ノ團體』ナリト謂フ者アリト雖モ、社會的意味ノ表明トシテハ不可ナキモ、國家的觀念ノ表明トシテハ歷史ヲ度外視スルモノナルト共ニ、深キ印象ヲ與ヘザル如キ感アルヲ以テ爰ニ之レヲ採ラズ。

團體ハ常ニ意思力卽チ活動力ヲ有ス、團體ノ意思ハ團體ノ目的ニ添フベキ意思ニシテ、其ノ意思ハ勿論個人ノ意思ナリト雖モ、而モ之レハ團體ノ共同目的ノ爲ニ發表セラルヽモノナルヲ以テ之レヲ團體ノ意思力卽チ活動力ナリト謂フヲ得ルナリ。而シテ團體ガ此ノ意思發表ヲ爲スニハ種々ノ方法アリテ、先ヅ其ノ團員中ノ一人ノ意思ヲ以テ直ニ團體ノ意思ト爲スコトアリ、或ハ其ノ中數人ノ意思ヲ以テ團體ノ意思ト爲スコトアリ、或ハ團員全體ノ意思ヲ以テ團體ノ意思ト爲スコトアリ、其ノ中孰レノ意思ヲ以テ團體ノ意思ト爲ス可キカハ、各其ノ團體成立ノ事情ト歷史トニ由リテ異ルモノナルヲ以テ一定シタル說ヲ立ツルコト能ハザルナリ。

國家モ一ツノ團體ナルコトハ前ニ述ベタル如シ、故ニ國家モ凡テノ他ノ團體ト同ジク協力一致スル共同ノ目的ヲ有シ又意思力ヲ有ス、而シテ其ノ意思力ノ存スル所ガ主權ノ存在スル所ナリ。主權ノ性質ニツキテハ之レヲ後ニ說明スルコトヽシ、玆ニハ國家ガ他ノ團體ト異リテ有スル所ノ他ノ特質ニツキテ述ベン。

領土的

二、國家ハ領土的團體ナリ。

太古未開ノ時代ニ在リテハ民族ノ相寄ルモ敢テ領土ノ觀念ナク、便宜ニ從ヒ水草ヲ逐テ轉々スルヲ常トセリ。其ノ少シク發達シテ國家ノ形ヲ爲スニ到リタル時代ニ於テモ、領土ノ觀念乏シク民族ノミヲ基礎トシテ國家ヲ組織スルノ風アリキ、例ヘバ羅馬ノ古代ニ於ケル羅馬法ハ羅馬人種ヲ支配スル法律ニシテ、羅馬ノ國內ヲ領土的ニ支配スル法律ニハ非ザリシ如キ是レナリ。然レドモ人文漸ク開ケ人口增加シ各民族ノ益々尨大スルニ當リテハ、生存競爭ノ必要上一定ノ區域ヲ限リテ居住シ、內部ニ於ケル團結ノ鞏固ヲ謀ルト共ニ外部ニ向ツテモ他民族ト對抗シ得ルノ備ヲ爲サヾルベカラズ、是レ領土ノ必要アル所以ナリ。然レドモ亦領土ノ廣狹ハ毫モ國家ノ成立ニ影響アルモノニアラズ、要ハ唯ダ國家ハ特定ノ領土ニ據リテ成立スルモノナルコトヲ知レバ足レリ。爰ニ注意スベキハ、市町村ノ如キ自治團體ハ領土的團體ニシテ、且ツ協力一致スル共同ノ目的ヲモ有スト雖モ之レヲ國家ト稱スル能ハザルコト是レナリ、蓋シ國家タルニハ次ニ述ブルガ如ク主權ノ存在ヲ要件トスルモ、自治團體ニハ主權ノアルコトナク、唯ダ國家ヨリ法律ニ依リ與ヘラレタル目的ノ範圍内ニ於テノミ人格ヲ有シ、意思力ヲ有スルニ過ギズ、故ニ自治團體ハ領土的團體ナルモ國家ニアラザルナリ。

主權（卽チ統治權）

三、國家ハ主權ニ依リ統治セラル、團體ナリ。

國家ハ民族ガ領土的ニ結合セル團體ナリト雖モ、此ノ團體ハ幸福ノ増進ト秩序ノ維持トニ向テ協力一致スル共同ノ目的ヲ有スル爲メニ、其ノ自然ノ必要上茲ニ團體ヲ支配シ統治スルノ權力ヲ生ジ、團員各個ノ間ニ於ケル意思制限ヲ爲シ、各其ノ據ル可キ所ヲ知ラシムルコトヲ要スルニ到ル。而シテ此ノ支配シ統治スル權力ヲ稱シテ國家ノ主權(Sovereignty)ト謂フ。

夫レ主權ハ國ヲ統治スルノ權力ナリ、故ニ又之レヲ統治權トモ謂フ。主權ト統治權トハ全ク同一ニシテ、兩者ハ唯ダ方面ヲ異ニシテ觀察シタルノ謂ニ過ギズ、卽チ之レヲ權力ノ本體ヨリ視ルトキハ主權ニシテ、之レヲ權力ノ作用ヨリ視ルトキハ統治權ナリ。或ハ又之レヲ最高權、國權等トモ稱スルコトアリ。而シテ一、主權ハ獨立ナラザル可カラズ。卽チ自主自立ノ權力ニシテ國家自ラ之レヲ固有シ、敢テ他ノ權力ニ依據シテ存在スルモノニ非ズ。二、主權ハ唯一ナリ。蓋シ國家ノ意思ハ一ツアリテ二ナシ、若シ二以上ノ存在スルコトアラバ是レ主權ニ非ザルナリ。三、主權ハ不可分ナリ。或ハ主權ヲ分テ立法權、司法權、行政權ト爲スコトアルモ、是レ主權其モノヲ分割スルノ意ニ非ズシテ、唯ダ其ノ主權ノ作用卽チ統治作用ヲ立法、司法、行政ト區別スルニ過ギザルナリ、之レヲ以テ直ニ主權不可分ノ法理ニ反スルモノト謂フヲ得ザルナリ。四、主權ハ最高且ツ無限ノ權力ナリ、最高トハ敢テ他ヨリ何等ノ制限ヲ受ケザルノ意ニシテ、又無限トハ國民ニ對シ絕對的ノ服從ヲ強制シ得ルコトヲ謂フナリ。尤モ主權ハ最高且ツ無限ナリト云フモ、其ノ權力ヲ自ラ進デ制限スルコト、卽チ他ヨリ制限ヲ受クルニ非ズシテ自ラ制限ヲ加フルコトアリ、例ヘバ主權者ガ國民ニ對シ自ラ憲法ヲ發布シテ意思發表ノ制限ヲ爲シ、又ハ外國ト條約ヲ締結シテ自ラ之レニ從フコトヲ誓フ如キ是レナリ。然レドモ是レ等自ラ加ヘタル制限ハ自己任意ノ發動ナルヲ以テ、他ヨリ抑制セラルヽトハ大ニ其ノ趣ヲ異ニシ、隨テ主權ノ最高且ツ無限ノ觀念ト何等背反スルトコロナキモノナリ。

主權ノ性質タルヤ夫レ斯ノ如シ、故ニ如何ニ外形上ニ於テハ國家ノ形體ヲ具フルト雖モ、主權ノ存在ナカラムカ決シテ之レヲ國家ト稱スル能ハザルナリ。爰ニ一ツノ問題タルハ聯邦制度ノ各締盟國、合衆國ノ各州等ハ之レヲ國家ト稱シ得ルヤ否ヤノコト是レナリ。獨乙ハ二十六ケ國ヲ以テ聯邦シ、米國ハ四十餘州ヲ以テ合衆シアリテ、是レ等ノ各締盟國又ハ各州ハ其ノ上ニ在ル聯邦帝國又ハ合衆國ノ最上權力ニ依リ支配セラルヽヲ以テ、主權ヲ有スト謂フ能ハズ、故ニ之レ等ハ國家ニ非ズト爲スヲ以テ正當ナリト信ズ。

國家ノ定義

國家ノ性質ハ略上述セシ如クナルヲ以テ之レヲ定義シテ、『**國家トハ主權ニ依リ統治セラルヽ民族ノ領土的團體ナリ**』ト謂フコトヲ得ルナリ。

國家ノ人格

法理上ノ觀念トシテ『國家ハ法人ナリ』トノ説ヲ立ツル者アリ、蓋シ其ノ意ハ國家モ法律上權利義務ノ主體タル能力アルヲ以テ、自然人ト同ジク法律上人トシテ看ルベキモノナリトノ趣旨ナリ。國家ニモ人格アルコト當然ナリト雖モ、之レヲ以テ直ニ國家ヲ法人ナリトハ云ヒ能ハズ。抑モ法人トハ法律ガ公益又ハ私益ノ爲メニ結合セル財産又ハ自然人ノ團體ニ對シ、權利義務ノ主體タル能力卽チ人格ヲ認ムルノ謂ヒナルヲ以テ、法人ノ存在ニハ其ノ前提トシテ必ズ先ヅ法律ノ存在ヲ想像セザルベカラズ。然レドモ是ノ法律ナルモノハ國家アリテ初メテ存在スルモノニシテ、國家ノ存在以前ニ法律アルコトナシ、然ラバ國家ハ之レヲ以テ法律ノ存在ヲ前提トスル法人ト同一視スル能ハザルコト多言ノ要ナシ。既ニ國家ハ法人ニ非ズ、然リト雖モ國家ニ人格アルコトハ之レヲ認メザルベカラズ。何トナレバ、已ニ述ベタルガ如ク國家ハ法律ヲ制定ス、而シテ法律ハ自然人及公益私益ヲ目的トスル法人ニ人格ヲ附與ス、故ニ國家ハ自然人及法人ニ對シテ人格ヲ附與スルモノナリト謂フヲ得ルナリ。斯ノ如ク國家ハ自然人及法人ニ對シ

概念

テ人格ヲ附與スルコトヲ得ル以上ハ、自ラ自己ヲ人格者ト認メテ法律關係ヲ定ムルコトハ毫モ法理ニ反スルコトナシ、是レ國家ニ人格アル所以ナリ。

國家ハ人格ヲ有スルモ之レヲ法人ト稱スル能ハザルコト前述ノ如シ。然レドモ國家法人説ヲ唱フル人ニシテ、其ノ眞意ハ國家ハ人格ヲ有スト云フニアリトスレバ、法人ナル用語ニハ弊アリト雖モ究極スル所ハ同一ノ觀念ナリ。而シテ國家ノ人格ハ、之レヲ公法上ノ觀念トシテハ臣民ニ對シ命令強制スル權力卽チ主權ノ意義ト爲リ、私法上ノ觀念トシテハ財産權ノ主體タル意義ト爲ルモノト理解ス可キナリ。

第二節　國體

國家ノ起原竝ニ其ノ發達ノ歷史ハ各國皆ナ一樣ナル能ハズ、或ハ同一ノ始祖ヲ中心トスル民族ガ團結シテ發達シ來リタルモノアリ、或ハ一民族ガ他民族ヲ征服シ威力ト强制トヲ以テ國家ヲ建設セシモノアリ、或ハ又人類多數ガ平等ナル關係ヲ以テ默契ヲ爲シ成立スルニ至リシモノアリ、其他尙ホ相異ル種々ノ事狀ニ依ルコトモ想像スルニ難カラズ。斯ノ如ク國家ノ起原竝ニ發達ノ事狀ノ異ル結果ハ、主權ノ存在スル體樣ニツキテモ各國ニ於テ各〻其ノ趣ヲ異ニスルモノニシテ、或ハ主權ガ君主ニ存在スルコトアリ、或ハ一部ノ階級ニ存在スルコトアリ、或ハ又國民全體ニ存在スルコトアリ、而シテ其ノ主權存在ノ體樣ヲ稱シテ之レヲ國體ト謂フ。

國體ノ觀念ヤ夫レ斯ノ如シ、故ニ此レヲ主權ノ發動作用(統治權行使ノ形式)卽チ政體トハ區別セザル可カラザルナリ。主權ノ所在ハ其國成立ノ事狀ニ依リ一定シ、君主々權トカ民主々權トカ永久不變ノ性質ヲ有スト雖モ、政體ハ時世ノ推移ニ依リ容易ニ之レヲ變更シ得ルモノナリ。例ヘバ專政々體ヲ變ジテ立憲政體ト爲シ、立憲政體ヲ變ジテ專政々體ト爲シ得ル如キ是レナリ。學者ニシテ或ハ國體ト政體トノ區別ヲ認メズ、國體ナルモノハ如何ニ其ノ國成立ノ事狀ヲ異ニスルモ皆同一ニシテ、唯ダ異ル所ハ政體ヲ異ニスルニ過ギズト稱スルモノアリ、然レドモ此ノ說ノ穩當ナラザルコトハ後ニ之レヲ說明セン。

希臘ノ「アリストートル」(Aristotle)ハ國體ヲ區別シテ、君主國體、貴族國體、民主(共和)國體ノ三ト爲セリ、然レドモ國體ハ其ノ國成立ノ事狀ニ依リ體様ヲ異ニスルコト前述ノ如クナルヲ以テ、世界ノ各國ヲ通ジテ國體ヲ明確ニ區別スル標準ハ到底之レヲ發見スル能ハズ、唯ダ大體ニ於テ之レヲ區別シ得ルニ過ギザルナリ。殊ニ現今ニ於テハ貴族國ナルモノ實際上世界ニ存在スルコトナシ、故ニ玆ニハ國體ヲ君主國體ト民主(共和)國體トノ二種ニ區別スルニ止ム。而シテ君主國體トハ主權ガ君主ニ存在スル國體ニシテ、日本、英吉利、伊太利、革命前ノ露西亞ノ如キ是レナリ。民主(共和)國體トハ主權ガ人民ニ存在スル國體ニシテ北米合衆國、佛蘭西、瑞西ノ如キ是レナリ。

我憲法第一條ハ『大日本帝國ハ萬世一系ノ天皇之レヲ統治ス』ト規定シテ主權ガ天皇ニ存在スルコトヲ明ニセリ。天皇トハ天皇タル自然人ヲ指スニアラズシテ、之レヲ皇位ト解ス可キナリ。抑モ我國家成立ノ事狀ト、古今ニ通ズル國民ノ確信トヲ以テセバ萬代不易ニ主權ノ天皇ニ存在スベキコト洵ニ明白ナリ。爰ニ注意スベキハ、同ジク君主々權說ヲ主張スル者ニシテ、主權ハ君主ノ一身ニ屬スベキ權利ナリトノ說ヲ立ツル者アレドモ未ダ盡サヾルノ論ナリ。此ノ說ヲ以テスレバ君主ノ崩御ハ國家ノ滅亡ヲ意味シ、新君主ノ踐祚ハ新國家ノ成立ヲ意味スルコトト爲リ、理論ニモ實際ニモ反スルコト甚ダシク、新舊君主ト國家トノ關係ハ到底滿足ニ之レヲ說明シ能ハザルノ缺點アルモノナリ。

君主々權說ニ反對スル者アリ曰ク、國家ハ法人ナリ、而シテ國家ノ生

ト國家主權説

權ハ天皇ニ存在スルニモ非ズ、又人民ニ存在スルニモ非ズ、國家タル法人ノ抽象的(Abstract)人格ノ上ニ存在スルナリト、是レ即チ國家主權説ナリ。此ノ説ヲ採ルモノハ多クハ國家ニ政體ノ區別アルモ國體ノ區別ナシト稱スルヲ常トス。今暫ク國家主權説ニツキ之レガ當否ヲ論評セン。

國家主權説ニ依レバ國家ナル團體ヲ一ツノ法人ト認メ、主權ハ其ノ團體ノ抽象的人格上ニ存在スルモノニシテ、君主國ニ於ケル君主ナルモノハ、此ノ抽象的人格ノ有スル主權ガ外部ニ向テ活動スル意思ノ全作用ヲ統括スル一ツノ最高機關ナリト云フニアルヲ以テ、理論トシテハ洵ニ明白ノ説ナリ。若シ夫レ國家成立ノ事狀ニ顧ルコトナク、單ニ國家學上ノ純理トシテノミ考フルトキハ此ノ説洵ニ正鵠ヲ得タルニ似タリ、然リト雖モ已ニ屢々述ベタルガ如ク、各國家ハ夫レ〲特種ノ事狀ト歷史トヲ固有シアリテ、其ノ君主國ト爲リ、民主國ト爲ルモ各國家成立ノ體樣ニ因リテ異ルモノナリ。國家主權論者ト雖モ君主國、民主國ノ別ヲ否定スルモノニアラズ、唯ダ主權ハ常ニ國家タル抽象的ノ人格上ニノミ存在シ、君主國ニ於テハ君主ガ其ノ人格ノ直接機關トシテ統治權ノ全作用ヲ統括スル衝ニ當リ、民主國ニ於テハ人民全體ガ統治權ノ全作用ヲ統括スル衝ニ當ルモノナリト謂フニアリ。飜テ之レヲ君主々權說ニ視ルニ、國家ニ人格アルコトハ認ムルモ、國家ノ人格ト主權ノ存在トハ別問題ニシテ、主權ハ常ニ其ノ國成立ノ事狀ニ由リテ存在ノ體樣ヲ異ニシ、君主國ニ於テハ君主ニ主權ガ存在シテ國家ノ人格ト同化一體シ、民主國ニ於テハ人民ニ主權ガ存在シテ人民ト國家ノ人格トハ同化一體スト謂フニアリ。斯ノ如ク兩說ヲ究極スルトキハ、君主々權說ハ國家ニ人格アリ、君主ニ主權(本體モ作用モ)アリテ、君主ノ主權ト國家ノ人格トハ同化一體スト謂フニアリ。又國家主權說ハ國家ニ人格アリ、而シテ此ノ人格ハ主權ノ本體ト同一ナリ、君主ハ主權ノ作用ノミヲ統括ス、而シテ此ノ主權ノ作用ノ點ニ於テ君主ト國家トハ同化一體スト謂フニ歸着ス。要スルニ君主々權說モ國家主權說モ同一軌道ノ上ニ立ツモノニシテ、其ノ異ル所ハ單ニ主權ヲ本體ト作用トニ區別スルヤ否ヤニ在リテ存ス。夫レ法律學上ノ議論トシテ、權力又ハ權利ヲ本體ト作用トニ區別スルコトハ吾人ノ屢〻認ムル所ナリト雖モ、由來權力ハ卽チ權力、權利ハ卽チ權利ニシテ事實上本體ト作用トノ如キ區別アルモノニ非ズ、唯ダ學者ガ徒ニ巧妙ナル分析區別ヲ試ミテ自ラ快トスルニ過ギズ、故ニ時ニ或ハ實狀ト實益トニ添ハザルノ結果ニ陷ルコト少ナカラズ、本問ノ如キ其ノ例ノ一ツナリ。既ニ兩說共ニ其ノ根原ハ同一ニシテ唯ダ少シク說明ノ方法ヲ替ヘタルニ過ギズトスレバ、吾人ハ何故ニ敢テ君主々權說ヲ採ルニ至リシカ、乞フ少シク之レヲ次ニ述ベン。

凡ソ法律學ナルモノハ、國利民福ヲ謀ルノ目的ニ於テ存在スル學問ナルヲ以テ、是ノ目的ヲ離レテハ法理ノ如何ニ深邃ニシテ、立論ノ如何ニ巧妙ナリトスルモ一文半錢ノ價値アルモノニ非ズ。今之レヲ我國憲法論ニ充當シテ視ルニ、我國ニハ我國固有ノ國體ト國狀トノ存在アリテ、其ノ國利民福モ亦此ノ固有ノ國體ト國狀トヲ離レテハ存在スベキ餘地アルモノニアラザルナリ。夫レ我　皇祖皇宗ノ治ヲ高天原ニ開クノ初メヨリ、君主ハ慈父トシテ臣民ハ赤子トシテ、同一ノ種族ニ據リ同一ノ始祖ヲ中心トシテ戴クノ念ヲ以テ國家ヲ創設シ、君臣ノ分ヲ明ニスルニ到リシモノナルコトハ、和氣清麿ノ諫奏ノ詞ニ『我國家開闢以來君臣分定矣以臣爲君未之有也天之日嗣必立皇緒』トアルニツキ視ルモ明ナリ。是レ萬世ニ通ズル立國ノ大本ニシテ天壤ト倶ニ無窮ナリト謂ハザルベカラズ。尚ホ又天皇ノ臣子ヲ見ルコト慈父ノ如クナリシコトハ、往昔ハ民ヲ稱シテ大寶（オオミタカラ）ト謂ハレ、又『民ノ富ハ朕ノ富ナリ』ト宣ハレシニツキ視ルモ明ナリ。蓋シ是レ學者ノ所謂族長的君主國體ノ優秀ナルモノナリ。今之レヲ歐洲各君主國ノ歷史ニツキ視ンカ、歐洲ノ君主ト國民トハ利害ノ相背反スルヲ常トス、故ニ其ノ利害ノ衝突甚ダシキトキハ戰亂ト爲リ、利害ノ相均等スルトキニ初メテ平和ヲ維持シ得ルニ過ギズ。即チ歐洲ノ各君主國ニ於テハ君主ハ常ニ主權ヲ擁シテ國民ヲ威壓シ、命令服從ヲ強要シテ自己ノ利益ヲ增大セント欲シ、國民ハ又極力之レニ抵抗シテ出來得ル丈ノ自由ト權利トヲ獲得セント期ス。其レガ爲メ兩者間ノ暗鬪ハ常ニ絶ユルモノニ非ズト雖モ、我國ニ於テハ天皇ハ絶大ノ權力ヲ有シナガラ敢テ之レヲ濫用セズ、天皇ハ國民ニ臨ムニ常ニ仁慈ト德政トヲ以テシ、民ノ苦痛ハ天皇ノ苦痛トセラルル所ナルヲ常トス。故ニ歐洲君主ノ主權ハ威力ト強制トノ發動ナリト雖モ、我天皇ノ主權ハ仁慈ト德政トノ輝ナリ、其ノ國民思想ニ差異アル所以ヤ察ス可キナリ。既ニ我國體ノ精華ヤ斯ノ如ク、又君主々權ノ觀念ヤ右ノ如シ、然ラバ其ノ國家主權說ヲ排シテ君主々權說ヲ採ルコト、蓋シ我憲法ノ解釋トシテハ當然ノコトナリ。夫レ憲法ヲ解釋スルニハ憲法ノ法理アリ、其他ノ民、刑、商法等皆特別ノ法理ヲ有ス。而シテ憲法ノ法理ハ其國特有ノ歷史ト國民思想トヲ離レテ存在スベキモノニ非ズ、故ニ各國憲法ハ各其ノ異リタル憲法々理ヲ有スト看ルヲ至當トス、然ラバ外國憲法ノ法理ヲ牽テ我憲法ノ解釋ヲ試ミントスル如キハ誤謬ノ大ナルモノナリ。

英國現在ノ王室「ブランウヰック」家(House of Brunwick)ハ國會議定ノ法律ニ由リ初メテ王冠ヲ取得セルモノナリ。故ニ英國ハ君主國ナリト雖モ、主權ガ國王ニアリトハ到底斷ズルコト能ハザルナリ。西曆千六百八十八年英王「ゼームス」二世ハ「オレンヂ」公ノ來襲ヲ受ケ、戰敗ノ結果皇后及皇子ヲ伴フテ佛國ニ逃亡シタルヲ以テ、英國ノ王位ハ全ク空虛タルニ至レリ。於是カ千六百八十九年ニ英國民ハ「コンヴエンション」(Convention)ヲ開テ王冠ヲ「ウイリアム」三世(オレンヂ公)及「メリー」ノ夫妻ニ捧ゲ、且ツ權利法典(Bill of Right)ヲ定メテ憲法ノ確立ヲ期シ、所謂名譽革命ヲ全フスルニ到レリ。此ノ Convention ヨリ「ウイリアム」三世及「メリー」ニ王冠ヲ捧ゲシコトハ、國王ト人民トノ契約ニ爲ルモノニシテ、英國ノ此ノ憲法原理ハ今日ニ於テモ猶ホ變更セラレシモノニ非ズ。故ニ英國王ハ國會ノ議定ノ爲メニハ王位ヲ左右セラル、コトナキニ非ズ、又國會ハ何時ニテモ王位確定法(Act of Settlement)ヲ變更シ得ルノ權力ヲ有ス。英國ノ主權ノ國王ニ在ラザルヤ夫レ斯ノ如ク明ナリ。然レドモ舊來ノ慣習上國王ハ人民ニ對シ優秀ナル地位ヲ有スル者ナルヲ以テ、今日ノ英國憲法學者ハ英國ノ主權ハ『國王ト國會トニ在リ』ト謂フヲ普通トス。

國王ノ地位ヤ既ニ斯ノ如シ、故ニ英國ハ君主國ナリト雖モ實際ノ主權ハ人民ニ在リテ、國王ハ單ニ舊來ノ慣習上名譽ノ虛器ヲ擁スルニ過ギザルモノトス。『國王ハ統シテ治セズ』(Merely reigu and never govern)トハ蓋シ此ノ事ノ謂ヒナリ。此ノ點ヨリ視ルトキハ英國々體ノ實質ハ寧ロ民主國タルニ近シ、同ジク君主國ト稱スルモ我國體トノ差ヤ識ルベキナリ。

學者或ハ英國ノ主權モ法律論トシテハ國王ニ在リ、唯ダ國王ハ實際ニ此ノ主權ヲ行使セズシテ立法ノ事ハ國會ニ、行政ノ事ハ内閣員ヲシテ處理セシムルニ過ギズト論ズル者アレモ之レ不可ナリ。已ニ述べタルガ如ク英國ノ國會ハ王位ヲ左右シ、憲法ヲ改廢スルノ權力ヲ有ス、故ニ憲法上ハ縦令國王ニ法律ヲ裁可スル權力ヲ認メ(實際ハ二百年來國王ガ不裁可ヲ爲シタルコトナシ)、又國會ヲ召集シ、開閉シ、庶民院ヲ解散シ、及内閣員ヲ任命スルノ權其他種々ノ特權(The King's Prerogatives)等ヲ認ムトスルモ、是レガ爲メ直ニ國王ニ主權アリトハ斷定シ能ハザルナリ、何トナレバ國王ニ是レ等ノ權力ヲ認メツヽアル憲法ノ規定ハ、國會ニ於テ何時ニテモ自由ニ之レヲ改廢シ得ルモノナレバナリ。是レ吾人ガ英國ノ主權ハ『國王ト國會トニ在リ』ト謂フ所以ナリ。

米國ハ共和國ニシテ主權ガ人民ニ在ルコトハ洵ニ明白ナリ。米國憲法追加修正條項第十條ハ『此憲法ニ依リテ合衆國ニ分與セザル權力及ビ憲法ニ依リテ州政府ニ其ノ行使ヲ禁ゼザル權力ハ各州又ハ其ノ人民ニ之レヲ保留ス』ト規定セリ。世界ヲ通ジテ憲法明文ノ規定ヲ以テ主權ノ所在ヲ明ニセルハ、唯ダ米國及ビ白耳義ノ二國アルノミナリ。而シテ米國憲法ノ『各州又ハ其ノ人民ニ之レヲ保留ス』トノ文字ハ主權ガ各州ニ在ルモノナルヤ、又ハ人民ニ在ルモノナルヤ判明セザルガ如シト雖モ、實ハ然ラズ、卽チ各州ハ人民ノ會議ニ成ル州憲法ヲ以テ組織セラル、モノニシテ、人民ヲ離レテ各州ノ存在ヲ想像スル能ハズ、故ニ各州ノ權力モ、合衆國ノ權力モ其ノ淵源ハ均シク人民ヨリ發スル所ナルヲ以テ、主權ハ人民ニ在リト謂フニ妨ゲアルコトナシ。

第三節　政體

政體ト國體トノ別

國體トハ國家ノ主權ガ何處ニ存在スルカノ態樣ヲ謂フモノニシテ、政體トハ其ノ何處ニカ存在スル主權ガ如何ナル形式ニ於テ人民ニ向ヒ活動スルカノ態樣ヲ謂フモノナリ。故ニ國體ト政體トハ全ク別個ノ觀念ナルニ拘ハラズ、學者ニシテ或ハ是レヲ混同スル者アルハ謬見ナリト謂ハザル可カラズ。例ヘバ我國ニ於テ主權ガ天皇ニ在ルコトハ是レ國體ノ觀念ニシテ、三權分立ヲ主義トスル立憲政體タルコトハ是レ政體ノ觀念ナリ、以テ其ノ區別ノ存スル所ヲ識ルニ足ラン。

政體ノ區別

前述ノ如ク政體トハ主權ノ活動スル形式ヲ謂フモノナリ、而シテ各國ノ主權ハ各多少ハ其ノ活動ノ形式ヲ異ニスルヲ以テ、嚴格ノ意味ヨリスレバ政體ハ到底正確ナル標準ニ因リ之レヲ區別シ得ベキモノニ非ズ、然レドモ大體ノ意味ニ於テ今日ハ專政々體、立憲政體ノ二ト爲スヲ普通トス。專政々體トハ權力ヲ君主一人ニ兼併スルノ主義ニシテ、立憲政體トハ權力ノ分立ヲ主義トスルヲ謂フ。於此國體ト政體トノ關係ニツキ見ルニ、君主國體ニハ專政君主國體ト立憲君主國體トノ二種アルコトヲ知リ得ルモ、民主(共和)國體ニハ立憲民主國體ノ存在ハ認メ得ラルヽモ專政民主國體ナルモノハ之レヲ想像シ能ハズ。或ハ民主(共和)國體ニモ專政民主國體ノ存在スルコトヲ主張スル者アレドモ、專政ナル語ト民主(共和)ナル語トハ其ノ語自體ガ矛盾セル觀念ヲ表シテ意味ヲ爲サヾルト共ニ、理論トシテモ國民全體ニ主權ノ存在スル民主國ニ專政々治ノ存在スベキ筈ナク、又實際上ニ於テモ今日斯ノ如キ態樣ヲ有スル國家ノ存在ヲ知ルコト能ハザルナリ。

專政々體ハ權力兼併ノ主義ナルヲ以テ利便モ少ナカラズト雖モ、弊害モ亦甚ダシキヲ常トス、之レニ反シテ立憲政體ハ法治ヲ理想トスル權力分立ノ主義ナルヲ以テ、人民ノ權利自由ノ保障ニ適當ナリトシテ廣ク世界ニ行ハル、以下少シク立憲政體ニツキ論述セン。

權力分立ノ思想ハ遠ク希臘ニ發生シ、英國ニ於ケル王室ト國會トノ衝突ニ由リテ政治上ノ發達ヲ爲シ、佛國ノ「モンテスキユー」(Montesquieu)ニ依リ學理的ノ説明ヲ與ヘラレ、米國ニ於テ憲法的ニ完成ノ域ニ達スルヲ得ルニ到リシモノナリ。「モンテスキユー」以前ニ希臘ノ「アリストートル」ハ國權ヲ分テ決定權、裁判權、行政權ノ三ト爲シ、英國ノ「ロツク」ハ立法權、執行權、外交權ト區別セリ、然レドモ之レ等ノ學者ハ立法權ヲ以テ優越ナルモノトシ、他ノ權力ハ之レニ從屬スルニ過ギズトスルヲ以テ、未ダ以テ分權主義ノ充分ナル徹底アリト云フ能ハズ。之レニ反シテ「モンテスキユー」ハ其ノ著萬法精理(Esprit lois)ニ於テ立法權、行政權、司法權ハ各對等ノ地位ニアリ、獨立不羈ニシテ互ニ他ノ干渉ヲ受クルモノニ非ズト稱シ、且ツ英國ニ於テハ既ニ此ノ主義ガ行ハレツヽアル旨ヲ附言セリ。此ノ三權分立説ハ歐米各國ヲ風靡シ遂ニ近世憲法ノ一大根源ヲ爲スニ至リシモノナリ。

立法權、行政權、司法權ハ各獨立不羈ナリト雖モ、之レヲ以テ直ニ國家ノ主權ガ三分セラレタルモノト爲ス可カラズ。主權ハ唯一不可分ニシテ且ツ憲法ノ淵源ナリ、故ニ三權分立ト謂フモ單ニ憲法上主權ノ活動スル形式ヲ區別セルニ過ギズシテ、憲法ノ淵源タル主權其モノヲ區別スル意ニ非ズ。而シテ立法權トハ法規ヲ制定スル權ニシテ、行政權トハ法規ノ範圍內ニ於テ諸般ノ政務ヲ行フノ權ヲ謂ヒ、司法權トハ民事刑事ノ訴訟ヲ裁判スル權ナリ、故ニ學者或ハ之レヲ主權ノ作用ノ區別ナリト稱スルモノアルモ亦敢テ不可ナリト云フ能ハザルナリ。夫レ三權分立ノ主義ヤ斯ノ如ク、立憲政體ノ意義ヤ右ノ如シト雖モ、之レヲ專政々體ニ比シテ必ズシモ金甌無缺ナリト謂フ可カラズ、三權ノ分立セルコトハ主權者ノ專橫ヲ防止シ得ルノ利アリト雖モ、又三權ノ獨立セル爲メ機關ト機關トノ軋轢爭鬪ヲ惹起スルコト多ク、國務ノ澁滯ヲ免レザルノ不利ヲ伴フ、然レドモ立憲政治ハ專政々治ニ比シ弊害ノ程度少キヲ常トスルヲ以テ、世界ヲ通ジテ悉ク立憲政體ニ赴クノ傾向ヲ示シツヽアリ。

我國ハ君主國體ニシテ立憲政體ナリ。司法權ハ天皇ノ名ニ於テ獨立シタル裁判所ニ依リ行ハレ。立法權ハ貴衆兩院議會ノ協贊ヲ經テ行ハルヽヲ原則トシ(例外ハアリ)、其ノ法律ヲ裁可スル權力ヲ天皇ノ大權ニ收メタリ。行政權ハ國務大臣ノ補弼及ビ副署ニ依リ行ハル、但シ大臣ハ天皇ニ對シ責任ヲ有シ、問責、進退悉ク天皇ノ自由親裁ニノミ保留セラル可キモノトセリ。統治ノ形式ヤ斯ノ如ク、分權ノ主義ヤ鮮明ナリ。然リト雖モ立法、行政、司法トモ悉ク其ノ本源ヲ天皇ノ大權ニ發シ、施政ノ中心ハ名實共ニ天皇ノ大權ニ置カレタルコト惟レ我憲法ノ特色ニシテ、又我政體ノ異彩ナリ。詳細ハ憲法全部ヲ通讀スルニ於テ判明セン。

英國ハ立憲政體ノ元祖ニシテ、其ノ運用モ亦頗ル巧妙ヲ極ムト雖モ、其ノ思想ガ追々民主々義ニ傾キツヽアルコトハ注目ス可キ現象ナリ。

英國ノ司法權ハ獨立ナリト雖モ、裁判官ハ國會兩院ヨリ申請セラル、トキハ職ヲ免ゼラル、ノ恐レアリ、故ニ英國司法權ノ獨立ハ國會ノ爲メニハ破ラル、コトアルモノナリ。又英國ノ行政權ハ國務大臣ノ補弼及副署アルニ非ザレバ憲法上有效ナラズ、而シテ國務大臣ハ國會ニ對シテノミ責ニ任ズベキモノニシテ、國會ハ之レヲ彈劾スルノ權力ヲ有ス、故ニ英國ノ行政權ハ常ニ國會ノ方寸ニ由リテ左右セラル、ヲ免ル能ハズ。彈劾トハ一ツノ裁判方法ニシテ庶民院(下院)ノ決議訴追ニ基キ貴族院(上院)ガ其ノ裁判ヲ爲ス衝ニ當ルナリ。今日ニ於テハ實際上彈劾裁判ノ開カレシ例ナク、百餘年前即チ千八百〇五年ニ「ピツト」内閣ノ海軍卿「ダンダス」ガ公金費消ノ罪ニ因リ彈劾セラレタルヲ以テ終リトス。又英國ノ立法權ハ一見國王ニ在ルガ如ク、又學者中ニモ國王ハ法律ヲ裁可スル權アルヲ以テ立法權ヲ有スト論ズル者アレドモ穩當ナラズ、蓋シ英國王ノ法律不裁可權ハ千七百〇七年以來實際ニ行使セラレタルコトナク、今日ニ於テハ國會兩院ノ決議シタル法律案ハ必ズ裁可シ法律ト爲ルベキコト憲法上一ツノ慣例ヲ爲セリ、故ニ英國ニ於テハ立法權モ又國會ニ在リト謂フヲ得ルモノナリ。斯ク英國ノ國會ハ立法權ヲ有シ、行政各大臣ヲ問責スル權ヲ有シ、且ツ場合ニ依レバ司法裁判官ヲ免黜スルノ權ヲモ有スルヲ以テ、施政ノ中心ハ常ニ國會ニ在ルモノナリ。學者或ハ英國ノ主權ハ國會ニノミ在リト稱スルハ此事ナリ。「デウ・ロールム」(De Lolme)ハ奇言ヲ弄シテ英國々會ノ權力ヲ評シテ曰ク『國會ハ男子ヲ變ジテ女子ト爲シ、女子ヲ變ジテ男子ト爲スノ外何事モ能ハザルコトナシ』ト、是レ今日ニ於ケル英國法律家ノ信念ナリ。英國ノ學者ハ皆ナ『國會ノ主權ト法律ノ至高力』(The rule or Supremacy of law)トヲ以テ憲法ノ大原則ト信ジ、國王ト雖モ法律ノ至高力ニハ服從セザル可カラザルモ、唯ダ憲法上國王ハ神聖ナル旨ノ原則ガ存スル爲メニ無責任ナリト解釋スルノミナリ。併シ國王モ亦舊來ノ慣習上國内ニ於テ相當ノ權力ト最高ノ名譽トヲ有スルヲ以テ、英國ノ主權ハ國王ト國會トニ在リト視ルノ穩當ナルコトハ已ニ國體ヲ論ズル際ニ述ベタルガ如シ。

米國ノ立憲政治ハ權力分立ノ鮮明ニシテ且ツ嚴格ナルコト他ニ其ノ類例ヲ見ザル所ナリ。米國ノ主權ハ人民ニ在リ、而シテ憲法ハ主權ノ活動作用ヲ嚴重ニ規定シテ些ノ誤リナキヲ期セリ。米國ノ司法權ハ全ク獨立ニシテ民事刑事ノ訴訟ヲ裁判スルノミナラズ、更ラニ憲法ノ最上解釋權ヲ有シ、立法ノ違憲ナリヤ否ヤヲモ裁定スルコトヲ得ルナリ。行政權ハ總テ大統領ノ掌握スル所ニシテ、國務大臣ナルモノハ憲法上其存在ヲ認メラルヽコトナク、內閣員ナル者ハ全ク大統領ノ秘書役補助機關タルニ過ギザルナリ。大統領ハ洪大ナル權力ヲ有シテ國家ノ諸機關ノ上ニ超然トシ、敢テ國會ニ對シ何等ノ責ヲモ負フ可キモノニアラズ。立法權ハ全ク國會ノ掌ル所ニシテ、大統領ハ國會兩院ノ決議セル法律案ニ對シ裁可不裁可ヲ爲スノ權力ヲ有セズ、唯ダ之レヲ承認スルヤ否ヤヲ明ニシ得ルニ過ギズ、大統領ガ法律案ヲ承認スルトキハ之レニ署名ヲ爲シテ直ニ法律ト爲リ、承認ヲ爲サヾルトキハ意見ヲ附シテ之ヲ議會ニ送付セザルベカラズ、此ノ場合ニ於テ兩院ガ再ビ之ヲ法律案トシテ議決シタルトキハ、大統領ノ承認ヲ要セズ直ニ法律ト爲ルモノナリ。米國ノ議會ト政府トハ全ク獨立ニシテ兩者ハ何等ノ連絡ヲ有セズ、唯ダ大統領ハ教書ニ依リテノミ意見ヲ交付シ、行政府ノ官吏ハ議會ノ委員會ニノミ出入シテ連絡ヲ維持シ得ルニ過ギズ、議員ニシテ行政官ヲ兼ヌルガ如キハ絶對ニ禁止スル所ナリ。米國ノ議會ハ大統領其ノ他ノ高官ヲ彈劾スル權力ヲ有ス、是ノ場合ニハ代表院(下院)ガ彈劾ノ訴追者ト爲リ元老院(上院)ハ其ノ裁判所タル地位ニ立ツモノナリ。米國ノ施政ハ三權分立ノ主義ヲ嚴明ニスルコト斯ノ如シ、蓋シ世界ニ於ケル立憲政體ノ本義ハ米國憲法ニ依リ常ニ其ノ柱石ヲ維持セラレツヽアリト云フモ敢テ過言ニアラザルナリ。

「レフエレンダム」ノ制度

政體論ヲ終ルニ莅ミ一言セザル可カラザルハ「レフエレンダム」(Referendum)ノ制度ナリ。今日世界ノ民主國ハ一般ニ國會及大統領ガ代リテ主權ヲ行使スルノ間接民主制度ナリト雖モ、最近ニ至リ人民ガ直接ニ主權ヲ行使セントスル直接民主ノ風大ニ加ハリツヽアルコトハ寔ニ注目セザルベカラザルノ現象ナリ。卽チ國家ノ重要問題ヲ決定スル際ニ、國民全體(成年以上ノ男子全部)ガ一定ノ期日ニ投票ヲ行フテ其ノ多數ニ依リ可否ヲ決定スル方法ニシテ、之レヲ「レフエレンダム」ノ制度ト謂フ。瑞西ノ諸州(カントン)ニハ古クヨリ此ノ制度行ハレテ、今日ニ於テハ國政ノ重ナルモノハ悉ク此ノ方法ニ基キ決定セラレツヽアリ。又米國ニ於テモ千八百九十三年ニ「サウス・ダコタ」州ガ法律ノ制定ニツキ初メテ此ノ制度ヲ採用シタル以來、「ユター」州「オレゴン」州「ネヴタ」州其他二三州ガ引續テ採用シ、漸時他州モ之レニ倣ハントシツヽアルノ傾向アリ。英國ニ於テハ最近千九百十年ニ此ノ制度ヲ起サントスルノ議論、統一黨ノ政治家ニ依リテ主張セラレ、一時政界ノ大問題タルニ至リシコトアリ。然レドモ此ノ制度ノ可否ヲ論ズルコトハ暫ク之レヲ措キ、此處ニハ唯ダ斯ル制度ハ民主國ニ於テノミ行ハル可キモノニシテ、君主國ニ於テハ到底容ルヽコト能ハザルノ制度ナルコトヲ識レバ足レリ。英國ハ表面君主國ナリト雖モ、實際ノ主權ハ主ニ國會ノ有スル所ナルヲ以テ、實質ハ民主國ト殆ド異ルコトナシ、隨テ「レフエレンダム」ニツキ採否ノ論起ルモ亦敢テ怪ムニ足ラザルナリ。

第二章　憲法

憲法トハ國體ヲ明ニシ政體ニ關スル大則ヲ定メタル法規ヲ謂フ。

國家ノ統治權ハ一定ノ法則ニ準據シテ行動セザルベカラザルコト近世法治國ノ原則ナリ、故ニ憲法ハ又國家統治ノ大則ナリトモ謂フコトヲ得。憲法ハ人格者間ノ意思ノ規則タル點ニ於テ他ノ法規ト異ルコトナシ、凡ソ法規ニハ個人相互間ニ於ケル意思ノ平等關係ヲ定メタル私法アリ、又國家ト臣民トノ間ニ於ケル權力服從ノ關係ヲ定メタル公法アリ(公法私法ノ別ハ後ニ論述セン)、而シテ憲法ハ權力ト服從トノ關係ヲ定メタルモノナルヲ以テ公法ナリ。古來英國ニ於テハ學者ニシテ屢、憲法ハ歷史ト慣例トノ交加物ニシテ法律ニアラズトノ說ヲ爲シタル者アルモ、近世ニ於テハ其ノ法律タルコトニツキ毫モ疑ヲ抱ク者ナシ。憲法ハ法規ナリ、而シテ憲法ハ國家ガ自ラ國體ヲ明ニシ政體ニ關スル大則ヲ定メタルモノナルヲ以テ、憲法ハ國家ガ作成シタリトハ謂ヒ得ルモ、反對ニ國家ハ憲法ニ依リ創設セラレタリトハ謂フ能ハズ、國家ハ歷史上ノ事實トシテ存在スルモノニシテ、此ノ事實上ノ國家ガ法律上ノ國家ト爲ルニツキ自ラ憲法ナル一ツノ法則ヲ定ムルニ至リシモノナリ、此ノ點本末ヲ轉倒セザルコトヲ要ス。

憲法トハ國家統治ノ大則ナリ、故ニ苟モ國家トシテ存在スル以上ハ憲法ヲ有セザル國家ナシト謂フコトヲ得ルモノトス、於是カ學者ハ憲法ヲ實質的意義ト形式的意義トノ二ツニ區別スルニ至ル。(實質的意義)ニ於テ憲法トハ主權ノ所在ヲ明ニシ統治權行動ノ大則ヲ定メタルモノハ凡テ憲法ナルヲ以テ、國會開設前ノ露西亞、革命前ノ支那、又我國ノ如キモ憲法發布以前ニ於テ、既ニ主權ノ所在ト統治權行動ノ大則トヲ定メタルモノアルヲ以テ猶ホ憲法ノ存在スト謂ハザルベカラズ。此ノ意義ハ法律上毫モ誤リタルモノニ非ズ、然リト雖モ今日普通ニ行ハル、思想トシテ憲法ドハ國會ヲ開設シ、人權ノ保障ヲ爲シ、三權分立ノ主義ヲ明ニシタル制度ヲ有スル國ノ統治ノ大則ヲ定メタル法規ノミヲ稱スルヲ以テ、之レヲ(形式的意義)ノ憲法ト謂フ。近世ノ立憲國ト稱スルハ皆此ノ意味ノ憲法ヲ有スル國家ノミヲ指スモノニシテ、專政時代ノ露西亞、支那及憲法發布以前ノ我國ノ如キハ之レヲ包含セザル

成文憲法ト不成文憲法

ナリ。形式的意義ノ憲法ノミヲ憲法ト稱スル思想ニハ大ニ政治上及ビ歷史上ノ意味ノ存在スルコトヲ忘ル可カラズ。本書ニ於テ憲法ヲ論ズルニ當リテモ、形式的意義ノ憲法ヲ講ズルヲ以テ目的トスルモノナルヲ以テ、以下單ニ憲法ト稱スルハ常ニ此ノ意味ノモノナリト解スベキナリ。

形式的意義ニ於ケル憲法ハ又之レヲ二種ニ區別シテ成文憲法、不成文憲法ト爲スコトヲ得。成文憲法トハ憲法ナル名目ヲ附シテ編纂セラレタル法典ニシテ、日本、亞米利加合衆國、佛蘭西ノ憲法ノ如キ是レナリ。不成文憲法トハ憲法ナル名目ヲ附シテ編纂セラレタル法典無ク、各種ノ單行法、判例、慣習等ニ由リテ立憲制度ヲ定メタルモノニシテ、英吉利、匈牙利ノ憲法ノ如キ是レナリ。十八世紀以前ニ於ケル世界各國ノ憲法ハ總テ不成文憲法ナリ、英國ニ於テハ十七世紀中「オリヴー・クロムウエル」(Oliver Cromwell)ガ憲法編纂ヲ企テタルコト前後二回アルモ常ニ其ノ目的ヲ達スルコトヲ得ズシテ止ミ今日ニ至レリ。成文憲法トシテハ十八世紀末ニ獨立戰爭後ノ米國ガ憲法々典ヲ作リタルガ始メニシテ、世界各國ノ憲法々典ハ皆其ノ後ニ出シモノナリ。英國ニ於テモ其ノ本國ハ不成文憲法ナリト雖モ、各英領殖民地ハ凡テ成文憲法ナラザルハ無シ。

軟性憲法ト硬性憲法

憲法ハ又他ノ見解ヨリシテ之レヲ軟性憲法、硬性憲法ノ二ト爲スコトヲ得。軟性憲法トハ憲法ト通常法律トノ間ニ區別ナク、同一ノ方法ヲ以テ之レヲ變更シ得ルノ憲法ヲ謂ヒ。硬性憲法トハ憲法ノ變更ハ通常ノ法律ト異リ特別ニ嚴重、困難ナル方法ニ於テノミ爲サルベキ憲法ヲ謂フ。英國ノ憲法ハ軟性ニシテ、米國ノ憲法ハ其ノ變更頗ル困難ナルヲ以テ硬性ナリ、我國憲法モ通常法律ト異リ其ノ變更ノ手續困難ナルヲ以テ硬性憲法ナリト識ラザルベカラズ。

各國家ハ其ノ成立ノ事情ヲ異ニシ、歷史ヲ異ニスル爲メ其ノ立憲的組織卽チ憲法ノ性質ハ勿論、沿革、特質等ニツキテモ差異尠ナカラザルヲ以テ、今左ニ我憲法竝ニ英、米憲法ニツキ其ノ大要ヲ述ベン。

我帝國ノ憲法ハ欽定憲法ナリ。歐米諸國ノ歴史ヲ視ルニ、各國トモ其ノ立憲ノ本義ヲ確立シ、憲法制定ノ域ニ達スル迄ニハ其ノ間種々ノ紛擾ヲ重ネ、幾多ノ犧牲ヲ拂ヒタルモノニシテ、國王ト人民トノ間ノ軋轢ハ互ニ自己ノ權利ノ增大ヲ謀ラン爲メニ常ニ絶ユルコトナク、英王「チャールス」一世ハ之レガ爲メニ弑セラレ、佛國ノ革命ハ屢〻之レガ爲メニ繰返サルヽニ至レリ。隨テ之レ等ノ國ニ於テハ國王ハ神意ニ由リ統治權ヲ有スト主張スルニ對シ、人民モ亦天賦自然ニ人權ト自由トヲ享有ストノ思想ヲ維持シ、爲メニ憲法ノ如キモ國王ト人民トノ契約カ、又ハ人民相互間ノ契約ニ由リ制定セラルヽモノナリトスルヲ常トス、故ニ是レ等ノ國ノ憲法ハ皆之レヲ民約憲法ナリト謂ハザルベカラズ。之レニ反シテ我帝國ノ憲法ハ明治維新ノ大業後ニ、明治天皇ガ自ラ進デ『民ノ幸福ハ朕ノ幸福ナリ』トノ御趣意ニ基キ、歐米ノ立憲制度ニ參酌シ國體ト相合フ程度ニ於テ國民ニ參政權ヲ附與シ、政治ノ中軸ト爲スタメ憲法ヲ制定セラレタルモノナルヲ以テ、是レ即チ欽定憲法ナリ。世界ハ廣シト雖モ我帝國ノ如ク天皇ヨリ自ラ進ミ民ヲ思フノ大御心ヨリ憲法ヲ制定セラレシ國ノ他ニ在ルコトナク、此ノ點ハ我憲法ノ特質ニシテ吾人國民ノ亦深ク光榮トスル所ナリ。

憲法ハ國體ヲ明ニシ政體ニ關スル大則ヲ定ムル法ニシテ、皇室典範ハ亦皇位ノ根本大法ナリ。我國家ノ主權ハ皇位ニ存在シテ、皇位ト國家トハ同化一體スベキモノナルヲ以テ、皇位ノ根本大法ハ即チ國家ノ大法ナリ、故ニ理論上ヨリスレバ皇室典範ハ憲法ノ一部トシテ規定セザルベカラザルモ、我國體上皇室ノ事ニ臣下ガ容喙スルコトアルガ如キハ誠ニ恐惶セザルベカラザル所ナルヲ以テ、皇室典範トシテ別ニ規定セラレタルハ當然ノコトナリト謂ハザルベカラズ。

憲法ハ國家ノ根本法則ナリ、故ニ濫リニ之レガ變更ヲ許ストキハ政治ノ中軸ニ變動ヲ來シテ國運ノ進展ヲ阻害スルコト尠ナカラズ、故ニ時勢ノ進運上已ムヲ得ザル場合ノ外變更セシメザルヲ以テ我憲法ノ精神トス。憲法ノ前文ノ一部ニ於テ『將來若此ノ憲法ノ或ル條章ヲ改定スルノ必要ナル時宜ヲ見ルニ至ラバ朕及ヒ朕ガ繼統ノ子孫ハ發議ノ權ヲ執リ之ヲ議會ニ附シ議會ハ此ノ憲法ニ定メタル要件ニ依リ之ヲ議決スルノ外朕カ子孫及臣民ハ敢テ之ガ紛更ヲ試ミルコトヲ得ザルベシ』ト宣言セラレ、又憲法第七十三條ハ『將來此ノ憲法ノ條項ヲ改正スルノ必要アルトキハ勅命ヲ以テ議案ヲ帝國議會ノ議ニ付スベシ、此ノ場合ニ於テ兩議院ハ各〻其ノ總員ノ三分ノ二以上出席スルニ非ザレバ議事ヲ開クコトヲ得ズ、出席議員三分ノ二以上ノ多數ヲ得ルニ非ザレバ改正ノ議決ヲ爲スコトヲ得ズ』ト規定シ、又第七十五條ハ『憲法及皇室典範ハ攝政ヲ置クノ間之レヲ變更スルコトヲ得ズ』ト規定シアリテ、卽チ我帝國ノ憲法ハ普通ノ法律ヨリ其ノ變更ヲ爲ス手續頗ル困難ニシテ左ノ三點ニツキ特別ノ條件ヲ要スルモノナリトス。

第一　發案權

憲法改正ノ發案權ハ天皇ノ大權ニ保留セラル、所ニシテ、勅旨ヲ以テ改正案ヲ議會ニ提出セラル、ノ外議會ハ何等ノ發案權ヲ有セザルモノナリ。之レ我憲法ガ欽定憲法タル性質ヨリ生ズル自然ノ道理ニシテ、外國ニハ其ノ類例ヲ認メザル所ナリ。議會ニ於テハ又單ニ改正案ニ對シ贊否ヲ決シ得ルニ過ギズシテ、普通法律案ニ對スルガ如ク之レヲ修正スルコトヲ得ズ。議院法第六十七條ニ依レバ各議院ハ憲法改正ニ付キテノ請願ヲ受クルコトヲ得ズ、是レ亦同一ノ趣旨ヨリ出ヅル結果ナリト知ル可キナリ。

第二　出席者ノ定數並ニ表決權

普通立法ノ場合ニハ總議員ノ三分ノ一以上ノ出席アレバ議事ヲ開

クコトヲ得ベク、又表決モ出席議員ノ過半數ヲ以テ議決スルコトヲ得ルト雖モ、憲法改正ノ場合ニハ總議員ノ三分ノ二以上ノ出席アルコトヲ要シ、又表決モ出席議員ノ三分ノ二以上ノ贊成アルニ非ザレバ改正ノ決議ヲ爲スコトヲ得ザルナリ。

第三　攝政ヲ置ク間ノ改正禁止

憲法改正案提出權ハ大權ノ行動ニシテ勅命ニ於テノミ爲サルベキモノナルヲ以テ、攝政ヲ置ク間ハ憲法改正ヲ爲サヾルヲ以テ穩當ト爲スモノナリ。

要スルニ我憲法ノ特質ハ欽定憲法ナルコトニシテ、且ツ成文憲法ニシテ又硬性憲法ナリト謂フベキナリ。

英國ノ憲法ハ不成文憲法ナリ。立憲政治ノ初メテ發生シタルハ英國ニシテ、其ノ發生モ亦歷史上自然ノ發達ニ伴ヒシモノニシテ特ニ作ラレタルモノニ非ズ、英國憲法ガ不成文ナルコト亦理由ナキニ非ザルナリ。試ニ英國ノ法律全書ヲ通覽スルモ憲法ナル法文ハ何レノ處ニモ發見スルコト能ハズ、「デウ・トークヴィユ」(De Tocqueville)ハ『英國憲法ハ實在セズ』ト稱シ、又「ブラックストーン」(Blackstone)ノ英法註釋(Commentaries)ヲ見ルモ憲法的事項タル國王及國王ノ權利、國會、主從、其他人權ニ關スル事ヲ總テ人權編(Right of persons)ニ於テ論述シ別ニ憲法ナル編章ヲ設クルコトナシ。蓋シ英語ノ(Constitutional law)ナル語ハ最近ニ發生セシ語ニシテ古來ヨリノ存在ニ非ズ。又其ノ憲法的法條ニ至リテモ普通法律ノ形ヲ以テ單行法或ハ他ノ普通法ノ一部トシテ存在スルニ過ギザルモノナリ。

英國憲法ハ不文法ナリト雖モ其ノ眞髓ハ大憲章、權利請願、及權利法典ニアリテ存ス、蓋シ是レ等ノ三法典ノミヲ以テ憲法ノ全體ナリト謂フ能ハザルコト勿論ナリト雖モ、其ノ英國憲法ノ主要部ガ常ニ此處ニアリテ存スルコトハ毫モ疑ヒナキ所ナリ。皇位確定法モ亦憲法中主要ナル法典ノ一ツナリ。而シテ是等各法典ノ成立ヲ究ムルコトハ憲テ英國憲法成立ノ歷史ヲ究ムルコトト爲ルヲ以テ今左ニ其ノ概要ヲ論述セン。

大憲章(Magna Charta)ハ千二百十五年「ジョン」王治世第十七年ニ發布セラレタルモノナリ。「ジョン」王資性傲慢ニシテ王意ハ國法ナリトノ主義ヲ採リテ動カズ、屢、軍ヲ起シテ貴族ニ從軍ヲ强フル爲メ其ノ心ヲ失ヒ、重税收斂ヲ事トスル爲メ國民ノ怨府ト爲リ、又羅馬法王ト衝突シ、國内ノ僧侶ト爭フ等ノ事アリシ爲メ、千二百十三年ニ到リ大僧正「ラングトン」大法官「フヒツ・ピーター」等主唱ノ下ニ弊政改革ニ關スル諸侯貴族ノ會合開カレ、遂ニ千二百十五年一月六日諸侯ハ兵ヲ率ヰテ「ロンドン」ニ到リ「ジョン」王ニ改革案ヲ奉呈シタルニ、王ハ其ノ解答ヲ數月間猶豫セラレンコトヲ望マレタルヲ以テ諸侯モ之レニ從ヒタリ、然ルニ王ハ此ノ期間ニ於テ種々ノ手段ヲ以テ諸侯ト貴族及僧侶間ヲ離反セシメント謀リタルヲ以テ反テ反感ヲ買ヒ、遂ニ五月二十四日諸侯ト僧侶トノ同盟ニ成ル神威軍ハ「ロンドン」城ヲ圍ミテ王ニ迫ラントシタルニ、城兵ハ神威軍ニ同シ反テ門ヲ開テ之レヲ迎ヘタル爲メ「ジョン」王ハ僅ニ身ヲ以テ從者數名ト後門ヨリ逃ル、ノ慘狀ニ陷レリ。於是王ハ書ヲ「ペンブローグ」伯ニ送リテ改革案ニツキ商議スベキ旨ヲ申出デラレシヲ以テ、伯ヨリハ六月上旬ニ「ランニミード」原ニ近キ「テームス」河中ノ一小島ニ於テ商議スベキ旨ヲ回答シ、同日雙方ノ委員ハ河ノ兩岸ニ對陣セル自他ノ軍兵ノ前ニ於テ嚴肅ナル商議ヲ遂ゲ、「ジョン」王ハ會衆ノ面前ニ於テ莊重ニ其ノ玉璽ヲ鈐セラレタリ、大憲章ハ即チ之レニシテ時ハ千二百十五年六月十五日ナリ。

權利請願(Petition of Right)ハ千六百二十八年「チャールス」一世治世第三年ニ發布セラレタルモノナリ。「チャールス」一世ノ先王「ゼームス」一世ハ「エリサベス」女皇ノ遺言ニ因リ蘇格蘭ヨリ入リテ英王ノ位ニ登リシモノナリ、此ノ時ニ當リ國會ハ「エリサベス」時代ヨリノ政府ノ專橫ヲ抑制シテ民權ノ恢復ヲ企圖シ、爲メニ「ゼームス」ノ治世二十三年間ハ國會ト政府トノ衝突常ニ絕ユルコトナク議會ハ幾度カ解散ヲ命ゼラレシモノナリ。千六百二十五年ニ「ゼームス」一世ノ崩御シ「チャールス」一世王位ニ卽クヤ、國會ノ決議ヲ經ズシテ租稅ヲ徵シ、强要借財ヲ迫リ、又ハ政府反對黨ノ議員或ハ强借ニ應ゼザル者ヲ拘禁スル等民怨ヲ受クルノ擧動多カリシ爲メ、偶、佛蘭西ト戰端開カレ軍費ニ窮シテ國王自ラ國會ニ臨ミ軍費法案ノ通過ヲ懇望シタルモ、庶民院ハ敢テ之レニ對スル決議ヲ爲サズ、直ニ特別委員ヲ設ケテ弊政ヲ調査シ、請願書ヲ起草シタル上之レヲ可決シ貴族院ニ廻送シタルニ、貴族院モ亦之レニ贊同セリ、而シテ國會兩院ハ國王ガ其ノ請願書ヲ裁可スルニ非ザレバ軍費ヲ決議セザル旨ヲ聲明セリ。於是王ハ已ムナク裁可ノ手續ヲ了シ之レヲ發布セリ、是レ卽チ權利請願ナリ、而シテ其ノ名ハ請願ニアルモ其ノ實ハ一ツノ法典ヲ爲シアルモノナリ。

權利法典(Bill of Right)ハ千六百八十九年「ウヰリアム」三世王及「メリー」女王治世第一年ニ發布セラレタルモノナリ。權利請願成ルト雖モ「チャールス」一世ト國會トノ衝突ハ猶ホ止マズ、遂ニ王權黨ト民權黨トハ武器ヲ把テ爭フニ至リ、「クロムウエル」ノ活躍、「チャールス」一世ノ弑殺、共和政治、王政復古等ヨリ「ゼームス」二世王ニ至リシト雖モ、王ト貴族及庶民トノ紛爭ハ猶ホ斷ユルコトナク、內亂外患ノ爲メ「ゼームス」二世ハ王位ヲ棄テ佛國ニ逃走セリ。於是國會ハ「ゼームス」二世ノ甥ニシテ女婿ナル和蘭王「オーレンジ」公(ウヰリアム三世王)及其ノ皇后「メリー」(ゼームス二世ノ女)ヲ迎ヘテ共同シテ王位ニ登ラシムルコトニ決シ。其レト同時ニ先王ノ治世ニ於ケル弊政ヲ改革センガ爲メニ權利宣言ヲ起草シテ之レヲ可決シ、千六百八十九年二月十八日貴族院議長「ハリファックス」侯ハ兩院議員參列ノ前ニ於テ權利宣言ヲ「オーレンジ」公夫妻ニ讀聞カセタル上王冠ヲ捧ゲタルニ、夫妻ハ之ヲ承認シタル上恭シク王冠ヲ受ケテ王位ニ登ラレタリ。是レヲ名譽革命ト稱シ、爰ニ權利法典ノ成立ヲ見ルニ至リシモノナリ。

皇位確定法(Act of Settlement)ハ千七百年「ウヰリアム」三世王及「メリー」女王治世第十三年ニ發布セラレタルモノナリ。「オーレンジ」公「ウヰリアム」三世トシテ和蘭ヨリ入リ王位ニ登リ、始メハ英國上下ノ信望洵ニ厚カリシト雖モ、其ノ久シキニ亙リテハ王ガ常ニ和蘭ニ在リテ國會開會中ノミ英國ニ來ル如キ、他國ノ爲メニ英國ノ軍兵ヲ使用スル如キ、外人ヲ英國政府ノ要職ニ就カシメシ如キ、英國ニ生レザル者ニ王家ヲ相續セシムルコトヲ國民ハ欲セザル如キ事情ヨリシテ自然ニ人望ヲ失シ、遂ニ國會ハ皇位繼承ニ關スル一法案ヲ可決セリ、是レヲ皇位確定法ト謂フ。

英國憲法ハ歷史上自然ニ發達シタルモノナルヲ以テ其ノ內容モ憲

法的法律(The Law of Constitution)ト、憲法的默契(The Convention of Constitution)トヨリ成立ス。而シテ憲法的法律ハ正確ナル意味ニ於テモ尚ホ之レヲ法律ト謂フニ充分ナルモノニシテ、其ノ内ニハ(一)條約又ハ準條約、卽チ愛蘭及蘇格蘭トノ聯合條約ノ如キ、(二)普通法、(三)嚴肅ナル諸誓約、卽チ權利典章ノ類、(四)制定法、(五)法理上ノ慣習等ヲ包含ス。憲法的默契ハ正確ナル意味ニ於テハ到底之レヲ法律ト稱シ得ザルモノナルモ、其ノ整備完成セルコト實ニ英國憲法ノ特質ニシテ、憲法運用上ニ於ケル凡テノ立憲的原則ハ皆此ノ默契ヨリ發生ス、例ヘバ『政府ハ庶民院ニ於テ投票上敗ヲ取ルトキハ其ノ職ヲ退カザルヲ得ズ、』『內閣ハ重要ナル問題ニ就テ多數票ヲ得ザルトキハ一回ハ國會ヲ解散シテ廣ク國民ニ訴フルコトヲ得、』『解散ノ結果總選擧ニ敗レタルトキハ執政大臣ハ其ノ職ヲ退カザル可カラズシテ再ビ解散スル權利ナシ、』『內閣ハ國務ノ執行ニツキ國會ニ對シ連帶ノ責任ヲ負フモノトス、』『庶民院ニ於テ多數ヲ制スル政黨ハ通例其ノ主領等ヲ任官セラル、權利ヲ有ス』等ハ内閣ノ地位及組織ニ關スルモノナレドモ、其他『外交條約ハ國王卽チ實際ハ政府ガ自由ニ之レヲ締結シ得ルモ他日國會ノ承認ヲ得ル能ハザル如キ條約ハ締結ス可ラズ、』『外交政略宣戰講和ハ國王卽チ政府ノ手ニ委セザル可カラザルモ若シ内閣ガ庶民院ノ希望ニ反シテ戰ヲ宣シ和ヲ講ズル如キハ違憲ノ處置ナリ』等ノ外交事項、及ビ『國會ハ毎年一回必ズ召集セザル可カラズ、』『庶民院ト貴族院ト意見ノ衝突アルトキハ政府ハ貴族院ヲ制スル爲メ國王ニ奏請シテ新貴族ヲ創設スルコトヲ得、』『内患外寇等緊急事件ノ起リタルトキハ政府ハ法律ヲ破リテモ必要ナル臨機ノ處置ヲ爲スコトヲ得』等ハ皆之レ憲法的默契ノ顯著ナルモノニシテ、其他尙ホ種々ノ默契モ少ナカラザルナリ。而シテ之レ等ハ皆國王竝ニ政府ノ專斷ヲ制センガ爲メニ自然ニ定メラレタル慣例ニシテ、若シ假リニ之レ等ノ默契ニ違反スル者アルモ之レ單ニ政治上、道德上非立憲ナリトシテ社會ヨリ批難セラレ排斥セラルヽニ過ギズシテ、之レガ爲メ法律上何等ノ制裁ヲ受ク可キモノニ非ザルナリ。玆ニ吾人ハ此ノ憲法的默契ト法理上ノ慣習トノ間ニハ區別アルコトヲ一言セザル可カラズ、蓋シ法理上ノ慣習ハ裁判所ニ於テモ其ノ慣習ノ存在ヲ認メ、之レニ違反スルトキハ違法ナリトシテ法律上處置セラル可キモノニシテ、例ヘバ『國王ハ不正ヲ爲サズ』卽チ國王ハ神聖ナリ、『國王ノ行爲ト雖モ大臣ノ副署ナキトキハ有效ナラズ、』『副署ヲ爲シタル大臣ハ其ノ行爲ニツキ責任ヲ負フ』等ノ如キ慣習ハ之レニ屬ス。此ノ兩者ハ相類似スト雖モ、默契ハ法律ニアラズシテ假リニ之レニ違反スルモ、單ニ輿論ノ制裁ヲ受クルニ過ギザルモ、法理上ノ慣習ハ一ツノ法律ナルヲ以テ之レニ違反スレバ必ズ法律上ノ制裁ヲ伴フ、以テ此ノ兩者間ニ存スル差異ヲ識ルニ足ラン。

英國ニ於テハ國會ガ主權ヲ有スルコトヽ、法律ガ最高ノ支配力ヲ有スルコト(The Rule of Supremacy of Law)トハ今日ニ於テハ實ニ憲法上ノ二大原則ナリ。蓋シ英國ノ主權ハ近時全ク國王ヨリ國會ニ移リシモノニシテ、又英國民ハ法律ノ前ニハ何人モ平等ニシテ、其ノ自ラ爲シタル事ニハ各自ニ責任ヲ免ルヽモノニ非ズ、故ニ國王ト雖モ原則トシテハ法律ニ支配セラレザル可カラザルモ、憲法上國王ハ神聖ナル旨ノ慣習存スル爲メ無責任ナリト爲スコト已ニ政體論ノ章ニ於テ述ベタルガ如シ、是レ亦英國憲法ノ異點ナリ。

英國憲法ハ其ノ變更ノ手續ニ於テ他ノ普通法律ト何等ノ差異アルコトナシ、卽チ我帝國憲法ノ如ク憲法變更ノ手續ガ普通立法手續ヨリ一層困難ナル事情アルコトナシ、故ニ英國憲法ハ軟性憲法ナリ。

要スルニ自然ニ發達シタル不成文憲法ニシテ、國會ノ主權ト法律ノ至高力トヲ以テ其ノ眞髓ト爲シ、且ツ軟性憲法ナルコトガ英國憲法ノ特質ナリ。

米國憲法ハ獨立戰爭後千七百八十七年ニ制定セラレシモノニシテ、三權分立ノ主義ヲ明確ニシ自由ノ保障ヲ全フシタルコト近世的立憲憲法中ノ嚆矢ナリ。立憲政治ノ思想ハ英國ニ發生シ英國ニ於テ實施セラレツヽアリシト雖モ、素ト英國ハ保守的ノ國ニシテ、其ノ憲法ノ如キモ不成文ノ儘ニ推移シ毫モ不便ヲ感ゼザル國柄ナリ。米國ハ千七百七十六年ニ十三州ノ英國殖民地ガ聯合シテ英本國ニ對シ獨立ノ宣言ヲ爲シ、多年ノ交戰ノ後漸ク獨立スルコトヲ得タリト雖モ、此ノ十三州ノ聯合タルヤ甚ダ微弱ニシテ州政府ノ權力大ナル爲メ中央政府ノ命令行ハレズ、其ノ儘ニ放擲センカ假令一旦ハ獨立スルモ又再ビ英國ヨリ征服セラルヽノ恐レナキニ非ズ、於是カ州政府ト中央政府トノ權力範圍ヲ確定シ、國內ノ平和及民福ト國防ノ充實トヲ計ル爲メニ民約的ニ制定セラレタルガ卽チ現今ノ亞米利加合衆國憲法ナリ。

米國憲法ハ其ノ範ヲ英國ニ採リシモノニシテ、當時英國ニ行ハレツツアリシ立憲制度ノ典型ヘ「モンテスキユー」ノ三權分立ノ學理ヲ應用シテ編制セラレシモノガ卽チ是レナリ。其ノ頃ニ於ケル歐洲各國ハ君主ノ專政ニ對スル國民怨嗟ノ聲漸ク繁ク、偶〻米國ハ獨立シテ立憲的憲法ヲ制定セルアリ、人權自由ノ高論到ル所ニ盛ニシテ民心爲メニ動キ、勢ノ激スル所ハ遂ニ佛國ノ大革命ヲ惹起シ、歐洲全土ヲ震動シテ玆ニ漸ク立憲的新天地ノ輝ヲ視ルノ時代ニ到リシモノナリ。

米國憲法ハ三權分立ノ主義ヲ明確ニシ人權ノ保障ヲ全シタルコト他ニ多ク其ノ類例ヲ認メズ。立法權ハ全ク國會ノ掌握スル所ニシテ大統領ト雖モ一指モ染ムル能ハズ。行政權ハ凡テ大統領一人ノ手中ニ在リテ、憲法上特ニ內閣員ナルモノ、存在スルコトナク、行政上ノ全責任ハ大統領ノミ之レヲ負フニ過ギザルナリ。司法權ハ大審院ト議會ガ必要ニ應ジ定メタル各裁判所トニ存在スルモノニシテ、其ノ獨立ハ毫モ他ヨリ侵犯セラルヽコトナシ。亞米利加合衆國ノ國家組織ハ憲法アリテ始メテ發生シタルモノナルヲ以テ、憲法ハ米國ノ最高法律ニシテ、他ノ立法行爲ハ毫モ憲法ノ精神ニ背戾スルコトヲ許サズ。國民ハ法規ノ前ニハ凡テ平等ニシテ、大統領ト雖モ法律ニ違反スルトキハ彈劾セラレ處分セラルヽコトガ米國憲法ノ特質ナリ。

米國憲法ハ其ノ改正手續頗ル困難ニシテ蓋シ硬性憲法中ノ最硬性ナルモノナリ、今其ノ規定ヲ此所ニ擧グレバ、

『第五章

兩院ノ三分ノ二ガ此ノ憲法ニ修正ヲ加フル必要ヲ認メタルトキハ議會ハ之レヲ提議シ若シ又州總數ノ三分ノ二ノ請求アリタルトキハ議會ハ憲法修正案討議ノ爲メニ大會ヲ召集スベシ、其ノ何レノ方法ニ依リタル場合ニモ州ノ立法部總數又ハ特ニ召集シタル大會總數ノ四分ノ三ガ之レニ批准ヲ與ヘタルトキハ該修正案ハ此憲法ノ一部ト爲ルモノトス、特ニ大會ヲ召集ス可キヤ、或ハ立法部ヲシテ批

准セシム可キヤハ議會之レヲ定ム、但シ第一條第九條第一項及第四項ハ千八百〇八年以前ニ之レガ修正ヲ爲スコトヲ得ズ、又各州ガ元老院ニ於テ有スル平等ノ投票權ハ關係州ノ承認ヲ經ズシテ之レヲ剝奪スルヲ得ザルモノトス』

法文ノ規定洵ニ明瞭ナリト雖モ今之レガ概要ヲ述レバ、米國憲法ノ修正ハ左ノ二段ノ手續ヲ經テ行ハル、モノトス。

(一)憲法修正案ノ提出　兩院ハ憲法ノ修正ヲ發議スルコトヲ得べシ、而シテ其ノ修正案ハ兩院ニ於テ三分ノ二以上ノ多數ヲ以テ可決シタルトキ。又ハ各州三分ノ二以上ノ立法部ノ請求アルトキハ議會ハ別ニ憲法修正會議ヲ召集セザルべカラズ、而シテ此ノ會議ニ於テ修正案ヲ可決シタルトキ(但シ此ノ會議ノ決議方法ハ憲法上何等ノ規定ナキヲ以テ議會ハ自由ニ之レヲ定メ得)。

(二)批准　以上ノ二方法中ノ孰レカニ於テ修正案ガ可決セラレタルト

キハ、之レヲ各州立法部ノ四分ノ三以上ガ批准シタルトキ。又ハ各州人民會議ノ四分ノ三以上ガ批准シタルトキニ始メテ憲法修正ノ效力ヲ生ズ。

此ノ憲法修正ニ關シ特ニ注目スベキ事項ハ、各州ガ元老院ニ於テ有スル平等ノ投票權ハ其ノ州ノ承諾ヲ得ルニ非ザレバ奪フコト能ハザルコト是レナリ。即チ各州ハ其ノ大小ニ拘ハラズ各平等ニ二人宛ノ元老院議員ヲ選出スルモノナルヲ以テ、其ノ投票權ヲ奪ヒ又ハ減少スルニハ其ノ州ノ承諾ヲ要スルコトナリ。

要スルニ米國憲法ハ民約憲法ニシテ成文憲法ナリ、三權分立ノ主義ヲ最モ嚴明ニ爲シ、且ツ硬性憲法中ノ最硬性ナルヲ以テ其ノ特質トス。

以上ノ如ク我帝國憲法ヲ始メ英米憲法共ニ各其ノ特質ヲ異ニスルヨリ、牽テハ憲法全體ノ法理竝ニ解釋方法ヲモ異ニスルコトヲ特ニ注意シ置カレンコトヲ望ム。

天皇ノ地位

第二編　統治ノ主體

第一章　天皇

天皇ハ國ノ元首ニシテ國家最高權力(統治權)ノ主體ナリ。憲法第一條ハ『大日本帝國ハ萬世一系ノ天皇之レヲ統治ス』ト規定シ、天皇ガ統治權ノ主體ナル旨ヲ宣明セリ。天皇トハ皇位ニ座スル人ノ謂ニシテ、皇位ハ天皇ノ御位ナリ。皇位ハ又國家主權ノ存在スル所ナルヲ以テ、天皇ハ又國家ノ主權者ナリト謂フ可キナリ。或ハ天皇ハ國家ノ最高機關ニシテ、主權ノ本體ハ法人タル國家ニ存ストノ抽象説ヲ爲ス者アリト雖モ、之レ主權ヲ本體ト作用トニ想像上區別スル觀念ニ基クモノニシテ、空論ニ失スルノ嫌ヒアルト共ニ、我帝國憲法ノ解釋トシテハ寔ニ不穩當ノ論ナリ。由來法律ニハ各其ノ法律ヲ通ジテ動カザル所ノ精神卽チ法理ノ大原則ノ存在セザル可カラザルモノニシテ、例ヘバ民法ノ法理ハ國民ノ人情風俗ヲ基本トシ、商法ノ法理ハ商取引及商慣習ヲ基本トス、而シテ憲法ノ法理ハ國家ノ歴史ト國家政策トヲ外ニシテ存在ス可キモノニ非ザルナリ。憲法ノ法理ヤ已ニ然リ、然ラバ今之レヲ我大日本帝國ニツキ視ルニ、其ノ國家成立ノ始メガ　皇祖皇宗ヲ中心トシ、同一ノ始祖ヲ戴クノ念ヲ以テ、族長的ニ發達シタル君主國體ニシテ、我皇室ハ卽チ大和民族ノ宗室ナリ、我皇祖ハ卽チ大和民族ノ祖先ナリト謂フ可キナリ。故ニ我國ニ於テハ古ヨリ君主ト國家トヲ分離シテ視ルノ思想ナク、皇國ト謂ヒ、御國ト謂フ皆之レ天皇ハ國家ナリトノ觀念ニシテ、忠君愛國ナル文字ハ常ニ忠良ヲ意味スル同一語トシテ用ヒラルヽモノナリ。我憲法ノ解釋上、天皇ハ主權者ナリトスル說ノ正當ナル以テ識ル可キナリ。

天皇ハ統治權ノ主體ナリ、故ニ國家ニ於ケル一切ノ權力並ニ統治作用ハ天皇ヲ中心トシテ發動セラルヽモノニシテ、憲法ハ唯ダ其ノ統治ノ形式ヲ定メタルニ過ギザルナリ。天皇ノ統治權ハ憲法ニ由リ定メラルヽモノニ非ズシテ、反テ憲法ハ天皇ノ統治權ニ由リ制定セラレタルモノナリ。我憲法ガ欽定憲法ノ稱アル此事ナリ。天皇ハ統治權ヲ固有スト雖モ、苟モ之レヲ行使スルニ當リテハ憲法ノ條規ヲ無視スルコト能ハズ、憲法第四條ニ『天皇ハ國ノ元首ニシテ統治權ヲ總攬シ此ノ憲法ノ條規ニ依リ之ヲ行フ』トアルハ此意ヲ規定セルモノナリ。學者或ハ、天皇ノ統治權卽チ權力ハ他ヨリ何等ノ制限ヲ受クルモノニ非ズトノ趣旨ヨリ、天皇ハ自由ニ憲法ヲ改廢スルコトヲ得ルト稱シ、統治權ノ行使ニツキテモ自ラ憲法ニ依ルコトヲ欲スル間ダケ憲法ニ依ル可キモノニシテ、憲法ニ依ルヲ欲セザルニ至レバ敢テ之レニ依ルヲ要セズト論ズル者アルモ、之レ一ツノ事實論ニシテ憲法ノ法理論ニハ非ズ。天皇ガ憲法ヲ發布シ、統治權行使ノ形式ヲ定メタルハ、之レ自ラ自己ニ制限ヲ加ヘタルモノナリト雖モ、苟モ自制ノ憲法ノ存在スル以上ハ憲法ノ改廢ハ總テ憲法ノ規定ニ依ラザル可カラズ、又統治權ノ行使ハ憲法ノ條規ニ依ラザル可カラザルコト當然ニシテ、其レ以上ニ出ヅル行爲ハ憲法ヲ以テ論ズ可キニ非ズ、一ツノ事實トシテ視ル可キナリ。或學者ノ說ハ此ノ點ニ於テ誤リアルモノト確信ス。

天皇ノ不可侵權

憲法第三條ハ『天皇ハ神聖ニシテ侵ス可カラズ』ト規定セリ、蓋シ天皇ハ統治權ノ主體ニシテ、一切ノ法律規則ハ悉ク天皇ノ意思ノ發顯ナルヲ以テ、從テ法律上ノ正不正ハ總テ天皇ノ意思ニ依リ定マルモノナリ。然ラバ法律上天皇ノ行爲ノ正不正ヲ判斷スル如キハ、原因結果ヲ轉倒セルモノニシテ全ク不可能ノコトニ屬ス。故ニ天皇ノ行爲ハ法律上毫モ之レヲ批判論議ス可キモノニ非ズ、之レ天皇ハ神聖ナリノ意義ナリ。

我國ニ於テハ道德上、天皇ノ神聖ナルコトニツキテハ種々ノ意味アリト雖モ、法律上ニ於テハ全ク無責任ナリトノ意味ニ外ナラズ。而シテ此ノ無責任タルコトモ、憲法第三條在ルニ由リ始メテ無責任タルニ非ズシテ、國民ノ確信ト、憲法ノ法理上當然無責任タル可キヲ憲法ハ唯ダ嚴肅ナル文字ヲ以テ書キ現シタルニ過ギザルナリ。天皇ノ神聖ニシテ無責任ナル範圍ハ(一)政治上ニ於ケル大權ノ行使ニツキテハ、國務大臣ガ輔弼ノ責ニ任シ、天皇ノ大權行使ニツキ一切ノ責任ヲ負擔スルモノナルヲ以テ、政治上ニ於テ天皇ハ毫モ國民ヨリ批判論難セラル、コトナク、又國民ハ毫モ天皇ノ尊嚴ヲ犯ス可カラザルモノナリ。(二)刑事裁判上ニ於テハ、天皇ノ行爲ハ何事モ犯罪ト爲ルコトナク、刑事裁判權ハ毫モ天皇ノ上ニ及ブ可キモノニ非ズ、否寧ロ裁判權ハ天皇ノ大權ニ屬ス可キモノナリ。(三)民事裁判ニツキテハ、天皇モ財產權ノ主體トシテ權力服從ノ關係トハ別ニ存在スルヲ以テ、民事裁判ニ依リ、財產權ノ範圍ヲ決定スルコトハ毫モ天皇ノ神聖ナル意義ヲ害スルモノニ非ズ。明治四十三年十二月發布ノ皇室財産令ニ依レバ、御料ニ關スル民事上ノ法律行爲ニ付テハ宮內大臣又ハ其ノ代理官ヲ當事者ト看做ス旨規定セリ、故ニ御料ニ關スル民事訴訟ノ起リシ場合ニハ、宮內大臣又ハ其ノ代理官ハ原告又ハ被告ノ地位ニ立ツテ訴訟當事者ト爲ルモノナリ。要スルニ天皇ハ神聖ナリトハ、政治上並ニ刑事裁判上無責任ナリトノ意ニシテ、民事裁判上ノ事ハ別問題ナリト識ル可キナリ。

英國王ノ地位

英國ハ歷史上君主國ノ態ヲ爲スモ、實ハ民主國タルノ質ヲ脫スルモノニアラザルナリ。英國現代ノ王室ハ「ウヰリアム」三世王及「メリー」女王治世ノ國會議定ノ法律ニ依リ初メテ王冠ヲ取得セラレシモノナリ。故ニ英國ニ於テハ國王ハ人民トノ契約ニ因リ王位ヲ保ツ者ナリ、契約ニシテ破レンカ人民ハ之レヲ廢シテ他人ヲ擇ブコトヲ得トノ思想廣ク行ハル、英國王室ノ尊嚴ヤ夫レ斯ノ如シ、隨テ國王ハ政治上ノ最高者ナリト雖モ、主權ノ實體ハ國會ノ掌握スル所ナリ。英國ニ於テハ國會ノ主權ト法律ノ至高力トガ憲法上ノ大原則ヲ爲スコトハ已ニ述ベタルガ如クニシテ、立法權ハ國會ニ屬シ、行政權ハ内閣大臣ノ手ニ歸シ、司法權ハ裁判所ノ自由ニスル所ニシテ、國王ハ單ニ政治上最高者タルノ名義ヲ有スルニ止マリ憲法上一ツノ裝飾タルニ終ラントスルノ傾アリ。吾人ハ曩ニ國體論ニ於テ英國ノ主權ハ國王ト國會トニ在リト稱セリ、然リ主權ハ國王ト國會ニ存ス、國王ハ外形上ノ主權者ニシテ、國會ハ實質上ノ主權者ナリ。亦今日ニ於テモ國王ニ外交其他ノ殘留特權(Prerogatives of Remainder)ナルモノヽ認メラルヽコトモ注意セザルベカラズ。

英國ニ於テハ國王ハ神聖ナルト、卽チ『王ハ不正ヲ爲サズ』トノ憲法上ノ原則ノ如キモ我國ト異リ、王ハ法律ノ淵源ナルヲ以テ無責任ナリトスルノ意ニ非ズシテ、理論ヨリスレバ法律ノ至高力ニハ國王ト雖モ支配セラレザル可カラズト雖モ、國王ヲ裁判シ、國王ヲ批議スル如キハ王室ノ尊嚴ト地位ノ鞏固トヲ害シ、牽テハ國家ノ福利ト進運トヲ阻害スルコト尠ナカラザルヲ以テ、利害ノ上ヨリシテ實際上無責任ナリトノ慣習ヲ生ズルニ到リシモノナリ。

英國ニ於ケル國王ノ憲法上ノ地位ヤ斯ノ如シ、同ジク君主國ナリト雖モ、我帝國ト英國ト其ノ憲法上ノ原則ニ著シキ差異アルコト以テ知ル可キナリ。

米國大統領ノ地位

米國ノ主權ガ人民ニ在ルコトハ洵ニ明ニシテ、大統領ハ四ヶ年毎ニ國民ヨリ選擧セラレテ就職スルモノナリ。隨テ其ノ憲法上ノ地位ハ行政權ヲ掌ル一ツ官職タルニ過ギザルナリ、卽チ米國ニ於テハ憲法ハ國家ノ最高法律ニシテ此ノ憲法ノ條規ニ依リ行政權一切ノ行使ヲ委セラレタルガ大統領ノ官職ナリ。

大統領ハ行政首長ナルヲ以テ米國々家ノ安寧秩序ハ一ツニ懸リテ

大統領ノ雙肩ニ在リ、故ニ大統領ハ其ノ官職ニ在ル間ハ身體上ノ自由ヲ制限セラレザルノ特權ヲ有ス。殺人其他ノ犯罪アリト假定スルモ大統領タル間ハ逮捕監禁セラルヽコトナシ、尤モ大統領ノ滿期後ニハ其ノ事ノ爲メニ普通裁判所ノ審問處罰ヲ受ケザルベカラザルナリ。大統領ノ此ノ特權ハ憲法上敢テ明文アルニ非ズ、憲法々理ノ上ヨリ胚胎セル一慣習トシテ存在スルモノナリ。

大統領ト雖モ其ノ任期間ニ於テ國事犯其他ノ重輕罪ヲ犯シタルトキハ、高等法院長(Chief Justice)ノ主宰スル議會ノ彈劾法廷ニ於テ彈劾セラルヽモノトス、此ノ場合ニ大統領ハ彈劾裁判ノ進行中ト雖モ、有罪ノ判決アル迄ハ身體自由ノ特權ヲ侵サルヽコトナシ、有罪ノ結果ハ大統領ノ官職ヲ褫奪シ且ツ將來大統領ノ職ヲ奉ズル資格ヲ奪フニ止マルモノニシテ、其ノ刑事上ノ責任ハ大統領ノ職ヲ失ヒタル後ニ普通裁判所ノ判決ニ依リテ別ニ定マルベキモノナリ。

第二章　皇位繼承

皇室典範

天皇ハ統治權ノ主體ニシテ、皇位ト國家トハ同化一體ナリ、故ニ皇位繼承ノ事ハ直接ニ國家組織ニ關係スルモノナルヲ以テ、本來ノ性質ヨリスレバ此事ハ憲法ノ內ニ規定セザル可カラザルモノナリ。外國ノ立法例ニ於テモ憲法ノ一部ト爲スヲ普通トス。然レドモ我國ニ於テハ國體ノ本質上、皇室ノ事ニ臣下ガ容喙スルガ如キハ寔ニ恐惶セザル可カラザル所ナルヲ以テ、憲法ト分離シ、皇室典範トシテ特別ノ法規ヲ設クルニ至リシモノナリ。

皇位繼承ノ資格

君主國體ノ國ナリト雖モ、英吉利、佛蘭西、獨逸ノ古ノ如キハ、君主ヲ選擧ニ依リ定ムルヲ主義トシ、特ニ獨逸ニ於テ選擧侯七人ガ皇帝ヲ選擧セシ如キハ著シキ例ナリ、然レドモ近世ニ於テハ之レ等ノ國ト雖モ、世襲的ニ君位ノ繼承ヲ爲スヲ常トスルニ至レリ。我國ニ在リテハ皇位

皇位繼承ノ順序

ハ世襲ナルコト太古ヨリノ原則ニシテ、皇統連綿ハ萬世ニ亘リテ變ル可キニ非ズ。皇室典範第一條ハ『大日本國皇位ハ祖宗ノ皇統ニシテ男系ノ男子之ヲ繼承ス』ト規定シ、皇位ハ必ズ男系ノ男子ノ繼承スルコトニ限ラルヽモノナリ。之レヲ史上ニ鑒ミルニ、太古ニ於テハ皇位ハ必ズ男子ノ襲フ可キモノナリシモ、推古天皇以來屢々女帝ヲ出シタルコト在リ、然レドモ皇室典範ハ更ラニ太古ノ本則ニ復シ、皇位ハ必ズ皇男子孫ノ繼承ス可キモノト定メタルヲ以テ、將來我國ニ於テハ女帝ノ出ヅルコト無キモノト識ル可キナリ。

皇位ハ原則トシテ皇長子ニ傳ヘラル可キモノニシテ、皇長子在ラザルトキハ皇長孫ニ傳ヘ、皇長子及其ノ子孫皆在ラザルトキハ皇次子及其ノ子孫ニ傳ヘ、以下順次ニ此ノ例ニ依ル可キモノナリ（典範第二條第三條）。皇子孫ガ一人モ在ラザルトキニ始メテ皇兄弟及其ノ子孫ニ傳ヘ、更ラニ皇兄弟及其ノ子孫ノ在ラザルトキハ皇伯叔父及其ノ子孫ニ傳ヘ、更ラニ又皇伯叔父及其ノ子孫在ラザルトキハ最近親ノ皇族ニ傳フ可キモノナリ（典範第五條乃至第七條）。皇子孫ノ皇位ヲ繼承スルニ當リ同親等ノ間ニ在リテハ、皇嫡子ガ先ニ繼グ可キモノニシテ、皇嫡子及其ノ子孫在ラザルトキニ初メテ皇庶子ガ繼承ス可キナリ（典範第四條）。例ヘバ皇嫡子ト皇庶子ト在ル場合ニ、皇嫡子ハ勿論先ニ繼承ス可キモノニシテ、若シ皇嫡子ニ皇嫡孫及皇庶孫在ル場合ニハ、皇庶孫ノ皇位繼承權ハ皇庶子ヨリ先キタル可キモノナリ。以下順次此ノ例ニ同ジ。茲ニ嫡子庶子ノ別ニツキ一言スレバ、嫡子トハ御夫婦間卽チ天皇ニ對スル皇后ノ出ニ在ラセラル、トキハ皇嫡子ニシテ、皇后以外ノ出ニ在ラセラル、トキハ皇庶子ナリトス。

皇位繼承ノ原因及形式

皇位繼承ハ以上ノ如キ順序ニ依テ其ノ順位ニ當ラル、皇嗣ガ天皇ノ崩御ト共ニ當然皇位ニ卽カル、モノナリ。天皇崩御ノ瞬間ハ卽チ皇嗣卽位ノ瞬間ニシテ、其ノ間何等法律上ノ行爲モ儀式モ要スルコト無ク、皇嗣ハ法律上當然天皇ト成ラル、モノナリ。卽位後ニ卽位式及大嘗祭ヲ行フ如キハ單ニ儀式タルニ過ギズシテ法律上何等ノ效力アルモノニ非ザルナリ。

皇位繼承ハ天皇ノ崩御ニ由リテノミ生ズベキモノニシテ、讓位ナル事ハ皇室典範ノ全ク認メザル所ナリ。是レ卽チ我國太古ノ制ニ則ルモノニシテ、中世ハ屢々讓位ノ行ハレタルコトアルモ、典範ハ斷然之レヲ廢止シタルモノナリ。天皇崩御シ、皇嗣踐祚スルトキハ直ニ祖宗ノ神器（三種ノ神器）ヲ傳承シ、元號（明治トカ大正トカ）ヲ建テ、一世ノ間之レヲ改メザルモノニシテ、且ツ卽位ノ禮及大嘗祭ハ必ズ京都ニ於テ行フ可キモノナリ。

皇位繼承ノ順序ヲ斯ノ如ク嚴重ニ規定セラレタルハ、後世ニ永ク紛爭ノ源ヲ斷チ禍ヲ未然ニ防ガントノ聖旨ニ出シモノニシテ、此順序ハ濫リニ變更ス可キモノニ非ズ。然レドモ例外トシテ皇嗣精神若クハ身體ニ不治ノ重患アリ、又ハ重大ナル事故アルトキハ、皇族會議及樞密顧問ニ諮詢シテ繼承ノ順序ヲ變更スルコトヲ得(典範第九條)、是レ寔ニ已ムヲ得ザル事狀ナルヲ以テ、此ノ場合ニ限リ例外ノ規定ヲ設ケタルモノナリ。其外ハ皇嗣假令幼少ナリトスルモ、又如何ナル事由アリトスルモ、決シテ順序ノ變更ヲ爲シ得可キモノニ非ズ。茲ニ聊カ疑問ヲ挾ム可キハ胎兒ニ皇位繼承權アルヤ否ヤノ事之レナリ、然レドモ皇室典範ハ胎兒ニ繼承權アルコトニツキ何等ノ規定無キヲ以テ、全ク之レヲ認メザルモノト解セザル可カラズ、蓋シ皇位ハ皇男子ニ限リ繼承ス可キモノニシテ、胎兒ハ未ダ以テ其ノ男女ノ別ヲ知ルコト能ハズ、皇位ヲ徒ニ空曠疑似ノ中ニ置クコトハ禍根ヲ釀スノ恐レアルヲ以テ、典範ハ嚴格ニ胎兒ノ繼承權ヲ認メザルモノト解ス可キナリ。

第三章　攝　政

『天皇未ダ成年ニ達セザルトキハ攝政ヲ置ク、天皇久シキニ亘ルノ故障ニ由リ大政ヲ親ラスルコト能ハザルトキハ皇族會議及樞密顧問ノ議ヲ經テ攝政ヲ置ク』（典範第十九條）攝政ハ國法上如何ナル地位ニ在ルモノナルカ、國家ノ統治作用ハ一日モ休ムコト能ハズ、又、皇位繼承ノ順序ニ當リシ者ハ其ノ幼少ナルト、將タ多少ノ故障アルトヲ問ハズ必ズ皇位ニ昇ラル可キモノナリ。於此カ實際上或ハ天皇ニシテ自ラ政務ヲ見給フ能ハザル場合アルコトヲ知ラザル可カラズ、之レ攝政ヲ置ク必要アル所以ナリ。故ニ憲法第十七條第二項ハ『攝政ハ天皇ノ名ニ於テ大權ヲ行フ』ト規定シ、此ノ場合ニハ攝政ガ大權行使ノ衝ニ當ル可キモノナル旨ヲ明ニセリ。攝政ハ天皇ノ名ニ於テ大權ヲ行フモノナリ、大權行使ノ實際上ノ衝ニ當ルモノハ攝政ナリト雖モ、攝政ハ勿論皇位ニ在ルモノニ非ズ、又自己ノ行爲トシテ行フモノニ非ズ、卽チ天皇ノ行爲トシテ大權ヲ攝行スルモノナリ。故ニ攝政ト天皇トノ關係ハ内部關係タルニ止マリ、外部ニ向テ攝政ノ行爲ハ一々天皇ノ行爲トシテ發動セラルヽモノナリ。

攝政ノ權能ハ單ニ國政ニ關スル行爲ノミニ止マラズ、皇室ニ關スル一切ノ事務ニツキテモ天皇ノ親裁ニ屬ス可キ事項ハ總テ之ヲ攝行スルモノナリ。然リト雖モ攝政ガ國政ヲ攝行スルコトハ已ニ憲法上一ツノ變體ナリ、此ノ變體ノ時ニ當リ、國家ノ根本大典ヲ變更スルガ如キハ最モ愼マザル可カラズ、故ニ憲法第七十五條ハ『憲法及皇室典範ハ攝政ヲ置クノ間ハ之ヲ變更スルコトヲ得ズ』ト規定セリ、寔ニ當然ノ規定ト謂フ可キナリ。

攝政ハ又天皇ノ親裁ニ屬ス可キ事項ノ總テヲ攝行スルモノナリト雖モ、天皇ノ御一身上ノ權利卽チ陛下ノ尊稱ヲ受クルコト、三種ノ神器ヲ傳承スルコト、卽位式ヲ行フコト等ノ特權ハ之レヲ得ラル可キモノニ非ザルナリ。

攝政ノ不可侵權

攝政ハ天皇ノ名ニ於テ大權攝行ノ衝ニ當ルモノナリ、故ニ攝政ハ天皇ト同ジク憲法上無責任ナリ。攝政ガ大權ヲ行使スルニ當テモ總テ國務大臣ノ輔弼ニ依ラザル可カラズ、故ニ此ノ場合ニ於テモ國務大臣ガ總テ憲法上ノ責任ヲ負擔シ、攝政ハ全ク無責任ナリ。攝政ハ又刑事上ニ於テモ無責任ニシテ、明治四十二年發布攝政令中ニ『攝政ハ其ノ任ニ在ル間刑事ノ訴追ヲ受クルコトナシ』ト規定セルハ明ニ此事ナリ。其ノ民事上ノ事項ニツキテハ天皇ノ例ニ同ジ。

攝政ヲ置ク可キ場合

攝政ヲ置ク可キ場合ハ(一)天皇未ダ成年ニ達セザルトキ(二)天皇久キニ亘ル故障ニ由リ大政ヲ親ラスルコト能ハザルトキニ限ラルヽモノナルコトハ典範第十九條ノ示ス所ナリ。天皇ハ滿十八歳ニ至ルトキハ成年ニ達スト雖モ、若シ天皇卽位ノ時ニ尙ホ滿十八歳ニ至ラザルトキハ、其ノ未成年者間當然攝政ヲ置カル可キモノニシテ、此ノ場合ニハ何等ノ手續ヲ要セザルナリ。次ニ久キニ亘ル故障トハ、重キ御病氣ニ

攝政ト爲ル可キ資格及順序

テ親ク政務ヲ見ル能ハズ、且ツ何時御平癒セラルヽヤ難計トスル如キ場合ニシテ、此ノ場合ニ果シテ攝政ヲ置クノ必要アルヤ否ヤハ、事實問題トシテ愼重ニ決定セザル可カラザルヲ以テ、典範ハ皇族會議及樞密顧問ノ決議ヲ經テ始メテ攝政ヲ置ク可キモノトセリ。茲ニ聊カ疑義ヲ挾ム可キハ、天皇久キニ亘ル故障アルニ非ズシテ一時的ノ故障ノ場合、例令バ　陛下ガ臨時外國ニ御旅行セラルヽガ如キ、又ハ暫時ニシテ御平癒アラル可キ御病氣等ノ場合ニ親ラ政務ヲ執ラルヽ能ハザルトキハ如何ニ所置ス可キヤノ事ナリ。此ノ場合ニハ皇太子又ハ御近親ノ皇族ヲシテ監國ノ任ニ當ラシメ、一時天皇ノ大權ヲ攝行セシムルコトハ、憲法ノ精神ヨリスルモ又我國古來ノ慣例ヨリ見ルモ毫モ妨ゲ無キ所ナリト信ズ。

攝政ハ皇族ニアラザレバ之レニ就任スルコトヲ許サズ、中世藤原氏ハ人臣ノ分ヲ以テ攝政ト爲ラレシコトアルモ、皇室典範ニ於テハ必ズ

皇族及其資格

皇族タラザル可カラザルモノトセリ。攝政タル可キ順序ハ、成年ニ達シタル皇太子又ハ皇太孫之レニ任ズ(典範第二十條)。皇太子皇太孫在ラザルカ又ハ未ダ成年ニ達セザルトキハ左ノ順序ニ依リ攝政ニ任ズ(一)親王及王(二)皇后(三)皇太后(四)太皇太后(五)内親王及女王(典範第二十一條)。親王、王ノ攝政ニ任ズルハ皇位繼承ノ順序ニ從フ、其ノ内親王、女王ニ於ケル又之レニ準ズ(典範第二十二條)。内親王、女王ノ攝政ニ任ズルハ其ノ配遇者アラザル者ニ限ル(典範第二十三條)。卽チ皇位繼承ノ場合ト異リ、攝政ニハ皇后、皇太后、太皇太后、内親王及女王等ノ女皇族モ其ノ資格在ルモノナリ。

第四章　皇室

皇室ハ天皇ノ家ナリ、天皇ハ國家ノ主權者タルト共ニ又皇室ノ家父ナリ、其ノ御一家ニ屬スル人ヲ總テ皇族ト謂フ。皇族タル資格ハ出產及婚姻ノ二ツノ原因ニノミ限リテ生ズ、皇族ガ養子ヲ爲スコトハ許サザル所ナリ、是レ血緣ヲ重ズルノ觀念ニ出ヅ。而シテ皇族タルニハ皇統ニ屬スル男系ノ子孫及其ノ妻ニノミ限ラル丶モノニシテ、女系ハ皇族タルコト能ハズ。男系ノ子孫ハ其ノ出生ニ依テ當然皇族タルモノニシテ、何代限リトノ制限アルコトナシ、大寶令ニハ五世以下ハ皇族ノ限リニ在ラズトノ制限アリシト雖モ、皇室典範ハ此ノ例ニ據ラズ、特ニ降テ臣籍ニ入ラル丶者ノ外ハ永遠ニ皇族タルモノトセリ。尤モ五世以上ノ皇族ハ男ハ親王ト謂ヒ、女ハ內親王ト謂フモ、五世以下ハ男ハ王ト謂ヒ、女ハ女王ト謂フナリ。之レ等ノ皇族ノ外皇后ハ勿論、親王妃及王妃ハ總テ婚姻ニ依リ當然皇族ト爲ラル丶モノナリ。

皇族ノ資格消滅原因

皇族タル資格消滅原因ハ(一)王ガ勅旨又ハ請願ニ依リ家名ヲ賜ヒ華族ニ列セラレタル場合、(二)王ガ勅許ニ依リ華族ノ家督相續人ト爲リ又ハ家督相續ノ目的ヲ以テ華族ノ養子ト爲ラレタル場合、此ノ二ツノ場合ニハ其ノ王妃及子孫竝ニ子孫ノ妻ハ共ニ其ノ家ニ入ル可キモノナリ。此ノ二ツノ場合ハ又五世以下ノ王ニノミ適用セラル可キモノニシテ、親王ニハ適用無シ、(三)皇族ガ懲戒處分ニ依テ皇族ノ特權ヲ剝奪セラレタル場合ニハ勅旨ニ由リ臣籍ニ下ルモノナリ、此ノ場合ニハ其ノ妻丈ハ其ノ家ニ入ル可キモ、其ノ子孫ハ皇族ノ特權ヲ剝奪セラル、モノニ非ズシテ尚ホ皇族タルヲ得ルナリ、(四)皇族女子ガ勅許ヲ經テ華族ニ婚嫁セラレタル場合、(五)親王妃及王妃ハ皇族ノ妻タルニ依リ皇族タルヲ以テ、離婚セラレタル場合ニハ其ノ身分ヲ失フモノナリ。以上ノ五原因ニ由リ一旦臣籍ニ降ラレタルモノハ、最早再ビ皇族タル身分ヲ囘復スルコトヲ得ズ、其ノ子孫モ又同一ナリ。

皇族ノ一般法規上ニ於ケル特權

皇族ノ權利義務ハ皇室典範及皇室令ニ依テ定メラル可キモノニシテ、一般ノ法律ハ原則トシテ皇族ニハ適用ナク、唯ダ法律命令中ニ適用ス可キ旨ノ規定アリテ、而モ尚ホ典範及皇室令ニ之レト抵觸ス可キ特別ノ規定ナキ場合ニ限リ適用セラル、ニ過ギズ。即チ典範及皇室令ハ勅令ナリト雖モ、法律ヨリハ其ノ效力强大ニシテ正ニ此ノ場合ニハ『勅令ヲ以テ法律ヲ變更スルコトヲ得ズ』トノ原則ニ對スル例外ヲ爲スモノナリ。

皇族ハ斯ノ如ク一般法規ノ適用ヲ受ケザル結果、種々ノ特權ヲ有スルモノニシテ、例ヘハ皇族ニハ租税ヲ賦課セザルモノナリ、地租、所得税其他ノ國税、府縣税、市町村税及關税ノ如キモ皇族用品ニ對シテハ賦課セラルヽコトナシ。兵役義務ニ付キテモ皇族ハ決シテ其ノ義務ヲ負フコトナシ、然レドモ皇族身位令ニ依リテ皇族男子ハ特別ノ事由アル場合ヲ除ク外陸海軍ノ武職ニ任ゼラル可キモノト爲リ居レリ。公法々規ニ於テハ市町村制、府縣制、戸籍法、警察法規等ハ全ク皇族ニハ適用ナク。私法々規ニ於テハ親族相續ニ付キテハ特ニ皇族婚嫁令、皇室誕生令、皇族身位令、皇室親族令、皇室財産令等ノ規定アリト雖モ、其他ノ一般民商事ニ付テハ、典範及皇室財産令中ニ特別ノ規定アラザル限リハ、

宮廷組織ノ特權

民法商法並ニ其ノ附屬法令ニ準據セラルヽコトヽ爲リ居レリ。

皇室ニハ其ノ事務ヲ掌ル爲メ宮中官ヲ置カル、此ノ宮中官ハ同時ニ又國家ノ公ノ官吏トシテ其ノ地位、權威等他ノ一般官吏ト同一ナリ。皇室ノ事務ト國家ノ政務トハ明ニ區別セラレアリテ、國務大臣以下ノ政務ヲ掌ル一般官吏ハ皇室ノ事務ニ與カラズ、又宮中ノ諸官ハ一切國務ニ與ラザルヲ以テ其ノ主義トス、然レドモ宮中ノ諸官ト雖モ單ニ皇室ノ私ノ吏員ニ非ザルコト前述ノ如ク、殊ニ宮内大臣ハ皇室事務ニ關シテハ警視總監及地方長官ニ對シ命令ヲ下スコトヲ得。唯ダ宮中官吏ハ其ノ俸給恩給等ガ國庫ノ支出ニ非ズシテ皇室經費ヨリ出ヅルモノタル差アルニ過ギズ。

皇室ノ事務ヲ所理スル官廳ハ宮内省ニシテ、宮内大臣ハ皇室一切ノ事務ニツキ輔弼ノ責任者ナリ。天皇ガ皇室ノ家長トシテ行フ大權ニ付テモ宮内大臣ハ又輔弼ノ責ヲ有スルモノナリ。

宮内省ノ外ニ内大臣府ナルモノアリ、内大臣ハ天皇ノ御爾國爾ヲ保管シ、詔書勅書其他宮廷内ノ文書ニ關スル事務ヲ掌リ、常ニ君側ニ侍シテ輔弼ノ責ニ任シ、又宮内大臣ノ缺員中或ハ内閣大臣ノ缺ケ居ル場合等ニハ君側ヨリ意見ヲ奉リテ輔佐ノ任ニ當ル可キモノナリ。

財産上ノ特權

皇室典範第四十七條ニハ『皇室諸般ノ經費ハ特ニ常額ヲ以テ國庫ヨリ支出セシム』トアリ、又憲法第六十六條ニハ『皇室經費ハ現在ノ定額ニ依リ毎年國庫ヨリ支出シ將來增額ヲ要スル場合ヲ除ク外帝國議會ノ協贊ヲ要セズ』ト規定セラレアリテ、卽チ此ノ定額ノ皇室經費ハ議會ノ議決ヲ要セズ毎年必ズ國庫ヨリ支出ス可キモノナリ、寔ニ之レ當然ノ事ナリ。尙ホ皇室財產ニツキテハ皇室財產令ニ於テ種々ノ特例ヲ設ケラル、モ茲ニ之レガ詳論ヲ省ク。

皇族ニ係ル民、刑訴訟

皇族相互間ノ民事ノ訴訟ハ勅旨ニ依リ宮内省ニ於テ裁判員ヲ命ジ裁判セシメ勅裁ヲ經テ之ヲ執行ス（典範第四十九條）人民ヨリ皇族ニ對スル民

事訴訟ハ東京控訴院ニ於テ之ヲ裁判ス、但シ皇族ハ代人ヲ以テ訴訟ニ當ラシメ自ラ訟廷ニ出ルヲ要セズ(典範第五十條)皇族ハ勅許ヲ得ルニ非サレバ拘引シ又ハ裁判所ニ召喚スルコトヲ得ズ(典範第五十一條)以上ノ規定ヨリ推スニ皇族ト人民トノ間ニ於ケル民事訴訟ニハ民法商法及民事訴訟法ガ適用セラレ、又皇族ニ係ル刑事訴訟ニ付テハ刑法及刑事訴訟法ノ適用セラル可キノ精神ナリト解ス可キナリ。

以上ノ外皇族ニハ宮號ヲ賜ハル特權(宮號ハ家名ニ非ザルナリ單ニ稱號ナリ)、敬稱ニ付テノ特權、儀式上ノ特權、敍勳任官ニ付テノ特權等アリト雖モ茲ニハ之ヲ省略ス。

皇室ノ家長權ハ天皇ノ有スル所ニシテ、皇族ハ凡テ其ノ監督ノ下ニ服從スルモノナリ。天皇ノ此ノ監督大權ハ攝政在任中ハ國務上ノ大權ト同ジク攝政ガ之ヲ攝行スルモノナリ。監督大權ノ範圍ハ皇族ノ身上財産等一切ノ上ニ及ブモノニシテ、例ヘバ後見保育ノ事、婚嫁ノ事、國疆外旅行ノ事、臣下降下ノ事、禁治產ノ事、敍勳任官ノ事、失踪ノ事、懲戒ノ事、等ハ其ノ重ナルモノナリ。皇族ノ懲戒ニツキテハ皇室典範第五十二條ニ『皇族其ノ品位ヲ辱ムルノ所行アリ又ハ皇室ニ對シ忠順ヲ缺クトキハ勅旨ヲ以テ之ヲ懲戒シ』云々ト規定セラレ、尙ホ皇室身位令中ニ懲戒ニ付テノ細則アリテ、事按ノ輕重ニ由リ謹愼、停權、剝權ノ三種ニ分テ所罰セラルヽ可キモノナリ。

以上ハ皇室ニ關スル法規ノ大略ヲ論シタルニ過ギザルヲ以テ、其ノ詳細ニ涉リテハ之ヲ各法條ニツキテ見ラレンコトヲ望ミ、玆ニ本章ヲ終ルコトヽセリ。

統治ノ客體ノ意義

第三編　統治ノ客體

第一章　總論

統治ノ客體トハ統治權ノ及ブ範圍、卽チ國土及國民是レナリ。國家ハ領土的團體ニシテ權力服從ノ關係ニ由リテ成立スベキコト已ニ述ベタルガ如シ、其ノ權力ノ存スル所ハ主權卽チ統治權ノ在ル所ニシテ、其ノ服從ノ行ハル、所ハ國民ノ性質ノ表ハル、所ナリ。治者、被治者ノ別アルコト以テ知ル可ク、統治ノ主體ト客體トノ別アルコト一目瞭然タリ。學者或ハ統治ノ主體ト客體トヲ區別スルコトヲ避ケ、殊更ラ國土及國民ヲ以テ國家ノ自然的基礎ナリト稱スル者アレドモ寔ニ理由ナキコトナリ。勿論民主々義ノ思想ト、國土及國民ガ統治ノ客體ナリトノ觀念トハ相容レザルガ如キ觀アリト雖モ、之レ必ズシモ然ラザルナリ。民主國ニ於テモ、民族ノ共同團體ガ團體トシテ統治權ノ主體ニシテ、個々ノ資格ニ於テハ人及國土ハ其ノ統治ノ客體タラザル可カラズ、之レト同ジク君主國ニ於テハ君主ガ統治權ノ主體ニシテ、國土及國民ハ統治ノ客體ナリト爲スモ毫モ誤リタルモノニアラザルナリ。

國土及國民ハ國家ノ構成要素

國土及國民ハ統治ノ客體ナリト雖モ、之レ等ノモノハ又主權ト共ニ國家ノ構成要素ナリ。國土及臣民ガ國家ノ構成要素タルハ之レ等ノモノガ主權ニ服從スルコトニ於テ、又主權ガ之レ等ノモノヽ上ニ行ハルヽコトニ於テ、卽チ互ニ主客ノ關係ヲ維持スルコトニ於テ始メテ國家ノ構成ヲ爲スモノナリ。故ニ國土アリ、民族アリ、主權者アリト雖モ各獨立ニシテ其ノ間命令服從ノ統治的關係ナカラムカ、到底之ヲ國家ナリト謂ヒ能ハザルナリ。夫レ國家ノ構成要素タルノ意義ヤ斯ノ如シ、然レドモ國土ノ廣狹又ハ國民ノ數ノ大小ノ如キハ毫モ國家ノ要素タルニ關係ナシ、國土ヲ分割スルモ又擴張スルモ國家ハ依然トシテ、國家ニシテ、特ニ其ノ國民ニ至リテハ、人類トシテ自然ニ伴ハル可キ老幼生死ノ變遷アルモ一民族トシテノ存在ヲ喪ハザル以上ハ國家ノ構成ニ毫モ支障アルモノニ非ズ。唯ダ國家ノ統治主權ナルモノハ、國土竝ニ國民ト對應シテ存在ス可キモノナルヲ以テ、國土及國民ノ擴大セラル、コトハ隨テ國權ノ增大ヲ來シ、國權ノ增大セラル、コトハ、國土及國民ニ對スル保護ノ益々充分ナルニ至ルモノト知ル可キナリ。

我大日本帝國ハ君主國ナリ、故ニ國土ハ之ヲ領土ト稱シ國民ハ之ヲ臣民ト謂フ、以下乞フ章ヲ分テ領土及臣民ニツキ詳論セン

第二章　領　土

領土ノ意義

領土トハ統治權ノ及ブ場所的範圍ヲ謂フ。往昔未開ノ時代ニ於テハ各民族ハ互ニ水草ヲ逐テ移轉シ、一定ノ居所ヲ定ムルコトナカリシヲ以テ敢テ領土ノ觀念起ラザリキ、然ルニ文化ノ進ムニ隨ヒ、人口ノ增

殖スルト共ニ地球上一定ノ區劃ヲ立テ、之レニ割據シ他人ヲ排斥スルノ必要ヲ生ゼリ、於是カ領土ノ觀念漸ク生ズルニ至レリ。領土ハ統治權ノ及ブ可キ場所的範圍ナルヲ以テ、土地所有ノ觀念トハ大ニ其ノ趣ヲ異ニスルモノナリ、封建時代ニ於テハ領土ハ君主一個人ノ所有物トシテ看做サレ、之レヲ合併シ分配スルコト全ク君主ノ私有財產ノ處分ト同一ニ取扱ハレタルモノナリ、然レドモ近世ニ至リ國家ノ觀念明カト爲ルニ隨ヒ、領土權ト所有權トノ差異ヲ認識シ、領土ト所有地トノ區別ヲ明ニスルニ至レリ。蓋シ領土ハ權力服從ノ關係ニ於テ統治權ノ行ハル可キ地域ナリト雖モ、所有地ハ財產上ノ利益ノ爲メニ個人ノ自由處分ヲ許サレタル地域ナリ。領土ハ公法的ノ關係ニ於テ存在スト雖モ、所有地ハ私法的關係ニノミ存在スルニ過ギズ。兩者ハ全ク其ノ內容、本質ヲ異ニスルヲ以テ、同一ノ地上ニ併存スルモ敢テ矛盾ス可キモノニ非ザルナリ。

領土ト國權ノ及ブ範圍トノ差

領土ハ統治權ノ及ブ場所的範圍ナリト雖モ、領土以外ニ國權ノ行ハル、コトハ屢々アル所ナリ。統治權ハ絶對ニ無限ナルヲ以テ、其ノ領土外ニ行ハル、コトハ之レヲ想像シ能ハズト雖モ、國權ハ特別ノ場合、即チ條約又ハ戰時占領等ニハ、條約ノ範圍内又戰時中ナルコトヲ條件トシテ他國ノ領土ニ迄デ權力ヲ及スモノナリ、之レヲ國ノ權力範圍ト謂フ。

新領土ト憲法

領土ハ國ノ構成要素ナリト雖モ、其ノ割讓又ハ合併ハ毫モ國ノ構成ニ妨ゲアルモノニ非ザルコト已ニ述ベタルガ如シ。國家ガ新領土ヲ得タル場合ニ憲法ハ當然之レニ行ハル可キモノナルヤ否ヤ、之レヲ各國ノ法制ニ見ルニ、獨逸帝國憲法ハ領土ノ地理上ノ區域ヲ定メ、普國憲法第一條ハ國家ノ領土ハ憲法制定當時ノ範圍ヨリ成立スル旨ヲ規定シ『バイエルン』憲法ハ領土ノ割讓ヲ禁止スル規定アリ、斯ノ如ク憲法上領土ノ區域ヲ明定セル國ニアリテハ、領土ノ伸縮ハ憲法ヲ變更スルニ非ラザレバ爲シ能ハザル所ナリ。英、米兩國ノ憲法ニ於テモ、新領土ニハ當然憲法ノ行ハル可キニ非ズトノ主義ヲ採用セリ。我憲法ハ明文上、領土ニ對シ何等ノ具體的規定ヲ爲シタルコトナク、憲法第一條ニ於テ『大日本帝國ハ萬世一系ノ天皇之ヲ統治ス』ト規定セリ、故ニ舊來ノ領土ハ勿論、新領土ヲ得タル場合ニハ常ニ當然憲法ハ新領土ニモ行ハル可キモノト解セザル可カラズ、否ラザレバ我帝國内ニ萬世一系ノ天皇ノ統治セザル領土ノ存在スルコト、爲リ憲法ノ精神ニ背反スルコト大ナリ。法律論トシテ新領土ニ憲法ガ當然行ハル可キコト一點ノ疑ナシ、然レドモ爲政ノ事ハ必ズシモ法理ト一致スルモノニ非ズ、我國ニ於テハ先ニ臺灣ヲ得、後ニ樺太及朝鮮ヲ合併シタリト雖モ、之レ等新領土ニ對シ直ニ憲法ヲ實施スルコトハ政治上大ニ考ヘザル可カラザルコトニ屬ス、故ニ今日ニ於テハ一ツノ政策上ヨリシテ、臺灣、樺太、朝鮮等ノ新領土ニハ憲法ノ實施セラレ居ラザルモノナリ。

第三章 臣民

第一節 臣民ノ性格

臣民ノ意義

臣民トハ國家ノ統治權ニ服從スル各人ヲ謂フ。已ニ述ベタルガ如ク國家ハ主權ニ依リテ統治セラルル人類ノ領土的共同團體ナリ。而シテ領土ハ統治權ノ行ハルル場所的範圍ナル意味ニ於テ國家ノ構成要素ヲ爲シ、臣民ハ統治權ニ絶對的ニ服從スルコトニ於テ國家ノ構成要素ヲ爲スモノナリ。我國ニ於テハ明治維新前ニハ臣民ハ唯ダ命是レ從フ可キモノトセラレ、何等臣民ノ權利又ハ自由ナルモノヲ認メラレザリシト雖モ、泰西文明ノ輸入ト共ニ自由民權ノ論盛ニシテ、遂ニ憲法上之レガ保障ヲ全フセラルルヲ得ルニ至レリ。然リト雖モ臣民ガ國權ニ絶對ニ服從セザル可カラザルハ之レ臣民ノ性格上當然ノコトニシテ、國家ト臣民トノ關係ハ又永久的ノモノナリト謂ハザル可カラズ。故ニ臣民ハ日本ノ領土ヲ離レテ外國ニ在ルモ、日本ニ對シテハ臣民トシテ永久ニ服從ノ關係ヲ免ル、モノニ非ズ。之レニ反シテ外國人ハ假令ヘ日本ノ領土内ニ居住スルコトアルモ、臣民タル資格ヲ取得スルモノニ非ズシテ單ニ在住者トシテ統治關係ノ支配ヲ受クルニ過ギザルナリ。臣民ト外國人トノ差ヤ斯ノ如シ、而シテ臣民ガ國家ニ絕對的ニ服從スルコトハ之レ臣民ガ國家ヨリ完全ナル保護ヲ享有スルコトノ反影ニシテ、服從義務ノ反面ニハ又必ズ種々ノ特權ヲモ隨伴スルモノト識ル可キナリ。

歐米各國ニ於テハ憲法上人民、國民、又ハ何國人ト稱スルモ、毫モ臣民ナル文字ヲ使用スルコトナシ。蓋シ歐洲ノ立憲思想ハ君臣ノ名分ヲ絕チ、權力服從ノ關係ハアルモ各人不羈獨立ナルコトヲ期スルノ趣旨ナルヲ以テ特更ラ臣民ナル文字ヲ避クルニ至リシモノナリ。佛國大革命ノ主義ヲ宣言シタル書中ニモ『吾人ハ立憲ノ制ニ則ルニ由リ最早臣民タルニ非ズ人民ナリ』ト稱セシ如キ以テ其ノ風潮ヲ察ス可キナリ。然レドモ我國ニ於テハ古來君臣ノ分明ニシテ、萬國無比ノ國體ヲ誇ル國民思想モ其ノ根源ハ此處ニ發ス、故ニ帝國憲法ハ特ニ大書シテ臣民ト謂フ、蓋シ列國憲法中ノ一異彩ナリ。

臣民タル資格ノ證明ヲ國籍ト謂フ。故ニ國籍ヲ定ムルコトハ國家ノ重要事項ナリ。憲法第十八條ハ『日本臣民タルノ要件ハ法律ノ定ムル所ニ依ル』ト規定シ、國籍ノ得喪ニ關スル規定ハ必ズ法律ニ依ラザル可カラズシテ、命令ヲ以テハ之レヲ爲スコトヲ得ザルモノトセリ。臣民タル國籍ノ得喪ニ關スル規定ハ明治三十二年發布ノ國籍法ニアリ。凡ソ國籍ヲ定ムルノ主義ニハ、主ラ出生及居住ノ土地ニ依ルモノト、又主ニ血統家族ノ關係ニ依ルモノトアリ。我國ニ於テハ古來血統ヲ重ズルノ習慣上、其ノ國籍ヲ定ムルニモ主トシテ血統家族ノ關係ニ依ルノ主義ヲ採用シ、國籍法ニ於テモ日本人ノ子ハ日本人トス、父母國籍ヲ異ニスレバ父ニ從フ、其ノ出生ノ場所ノ如何ヲ問ハザルナリ。父母共ニ知レザル者、又ハ父母共ニ國籍ヲ有セザル者ハ日本ニ於テ生レタルノ故ヲ以テ日本人トス。外國人ハ日本人ノ妻トナリ、又ハ入夫トナリ又ハ養子トナリタルトキ、若クハ日本人タル父又ハ母ニ依リテ認知セラレタルトキハ日本ノ國籍ヲ取得ス。外國人ノ妻トナル者、又ハ外國人ニ認知セラレ之レニ因リテ外國ノ國籍ニ入ル者ハ日本ノ國籍ヲ失フ。行政處分ニ依リ日本ニ歸化ヲ許サレタルモノハ日本ノ國籍ヲ取得ス。歸化ヲ請願スル者ハ左ノ條件ヲ具備スルコトヲ要ス、一、引續キ五年以上日本ニ住所ヲ有スルコト、二、年齡滿二十年以上ニシテ本國法ニ依リ能力ヲ有スルコト、三、品行端正ナルコト、四、獨立ノ生計ヲ營ムニ足ルベキ資產又ハ技能アルコト、五、國籍ヲ有セズ又ハ日本ノ國籍ノ取得ニ因リテ國籍ヲ失フ可キコト。又自己ノ志望ニ依リテ外國ノ國籍ヲ取得シタル者ハ日本ノ國籍ヲ失フ。以上ハ其ノ大要ナリ、詳細ハ乞フ特ニ之レヲ其ノ法律ニツキ見ラル可シ。

英國ノ國籍法

英國ニ於テハ始メハ英國領内ニ生レタル者ハ總テ英國人トシ、又外國ニ在ルモ英國人ノ父ヨリ生レタル者ハ英國人ト爲スノ規定ヲ設ケタリ。然レドモ千八百七十年ノ條例ヲ以テ改正ヲ爲シ、今日ニ於テハ英國領内ニ生レタル外國人ノ子ハ其ノ本國法ニ依リ國籍ヲ取得スル場合ノ者、及ビ外國ニ於テ英國人ヲ父トシテ生レタル子ノ二種ハ、成年ニ達シタル後ニ英國ト外國トニツキ國籍ノ選擇ヲ爲シ得ベキモノナリトノ折衷主義ヲ採用セリ。

米國ノ國籍法

米國憲法ハ其ノ第十四章第一條ニ於テ『合衆國及合衆國管轄權内ニ在ル場所ニ於テ出生シ、又ハ歸化シタル者ハ凡テ之レヲ合衆國及其ノ住居スル所ノ州ノ市民トス云々』ト規定シ、國籍ニ關シ主ラ出生及居住ノ土地ニ依ルノ主義ヲ採用セルヲ以テ其ノ米國内又ハ管轄區域内ニ生レタルモノハ、其ノ父母及血統ノ如何ヲ問ハズ悉ク之レヲ米國人ト爲スモノナリ。故ニ假リニ米國ヲ旅行スル外國人アリテ過々出産スルコトアラムカ其ノ生兒ハ米國ノ國籍ヲ取得スルニ至ルモノナリ。我在米日本人ニシテ米國ニ於テ出生シタルモノハ、其ノ父母ガ日本人タル爲メ日本ノ國籍法ニ依リ日本人タル身分ヲ取得スルト共ニ、又其ノ出生ノ場所ガ米國内タル關係上米國憲法ニ依リ米國ノ國籍ヲモ取得シ、一人ニシテ二重ノ國籍ヲ有スル結果ニ至ルモノナリ。

第二節　臣民ノ義務

臣民ノ義務ノ本質

臣民ハ絶對的ニ國家權力ニ服從スルコトヲ以テ其ノ本性トス、故ニ臣民ノ義務ナルモノハ一々之レヲ列擧シ得可キモノニアラズ、換言スレバ臣民ハ國家ヨリ如何ナル命令ヲ受クルモ必ズ之レニ服從セザル可カラザルモノナリ。憲法第二章ハ『臣民ノ權利義務』ト題シ第二十條及二十一條ニ於テ兵役ノ義務及納稅ノ義務ニツキ規定スト雖モ、之レ單ニ臣民ノ義務中ノ重大ナルモノニツキ規定セシニ過ギザルナリ。而カモ尙ホ憲法ノ精神ハ之レ等ノモノヲ以テ義務ノ種類トシテ列擧スルノ趣旨ヨリハ、寧ロ之レ等ノ重大ナル義務ハ法律ノ形式ニ於テノミ、臣民ニ對シ其ノ負擔ノ程度及方法ヲ規定ストノ趣旨、卽チ臣民ノ二大義務ヲ憲法上不當ニ加重スルコトナキヲ確保スル意味ニ於テ規定シタルモノト見ル可キナリ。學者或ハ臣民ノ義務トシテ右ノ外尙ホ忠誠ノ義務ヲ擧グルモノアレドモ、已ニ述ベタル如ク臣民ハ國權ニ絕對ニ服從ス可キモノナル以上ハ、其ノ國家ニ對シ忠誠ヲ盡ス可キ如キ當然ノコトニ屬スルヲ以テ敢テ特ニ之レヲ擧グルノ要ナキモノト信ズ。

兵役ノ義務

●憲法第二十條ハ『日本臣民ハ法律ノ定ムル所ニ從ヒ兵役ノ義務ヲ有ス』ト規定ス。卽チ兵役トハ陸海軍ニ服役スルコトニシテ、日本臣民ノ此義務ハ命令ノ形式ヲ以テハ之レヲ負擔セシムルコト能ハズ、必ズ法律ノ形式ニ依ラザル可カラザルナリ。尤モ此ノ法律ノ形式ニ依ル可キコトハ、國家ガ臣民ニ對シ軍隊ニ入ル可キコトヲ命ズルニ當リテノミ謂フモノニシテ、已ニ一旦入隊シタル以上ハ其ノ服務上ノ軍律ハ法律ニ依ラズ命令ヲ以テ自由ニ定ムルコトヲ得ルモノナリ。憲法第二十條ノ規定ハ國家平常ノ時ニツキテノミ謂フモノニシテ、其ノ非常緊急ノ場合ニ國民軍以外ノ兵員ヲ召集スル如キハ法律ニ依ルヲ要セズ、憲法第三十一條ノ天皇ノ大權作用ヲ以テ隨意ニ召集スルコトヲ得ルモノナリ。

納稅ノ義務

憲法第二十一條ハ『日本臣民ハ法律ノ定ムル所ニ從ヒ納稅ノ義務ヲ有ス』ト規定セリ。凡ソ國家ノ收入ニハ公法上ノモノト私法上ノモノトアリ。私法上ノ收入トハ國家ガ私人タル資格ニ於テ爲シタル行爲ヨリ生ズル收入ニシテ、例ヘバ日本ノ政府ガ外國ヘ軍器ヲ賣却シテ得タル利益ノ如キ是レナリ。公法上ノ收入ニハ三様アリテ其一ハ罰金ナリ、卽チ刑法其他ノ罰則ニ違背シタル者ヨリ判決ニ由リテ徵收スル金ヲ謂フ。其二ハ手數料ナリ、卽チ國家ガ一個人ノ爲メニ或ル種ノ行爲ヲ爲シ、其ノ一個人ガ國家ニ對シ其レノ報酬トシテ支拂フ金額ニシテ、例ヘバ郵便、電信、鐵道、病院等ノ如キ各種營造物ノ利用料ノ如キ是レナリ。其三ハ租税ニシテ、國家ガ權力ヲ以テ臣民ニ對シ一般的ニ賦課スル所ノ出資ノ負擔ナリ、此ノ租税ハ國家ガ權力ヲ以テ臣民ニ命ズル所ナルヲ以テ、憲法上必ズ法律ノ形式ニ依ラザル可カラズ、憲法第二十一條ハ此ノ趣旨ヲ規定セルモノナリ。其二ニ擧ゲタル手數料ヲ定ムル如キハ敢テ法律ニ依ルヲ要セズ、憲法第六十二條二項ニ依リ命令ノ形式ヲ以テ之レヲ徵收スルコトヲ得ルナリ。

夫レ臣民ハ國家成立ノ分子ナリ、故ニ其ノ國家ノ獨立ヲ防衞スルコト(兵役義務)ト、又其ノ存在ノ必要ニ供應ス可キコト(納税義務)トハ臣民

英國憲法上ノ納稅及兵役義務

トシテ正ニ負擔スベキ當然ノ義務ナリ。然リト雖モ兵役ノ義務ト納稅ノ義務トハ其ノ臣民ノ自由ト利益トニ重大ナル關係ヲ有スルヲ以テ、各國共ニ憲法上明確ナル規定ヲ設ケ義務ノ程度ト利益及自由ノ保障トヲ明ニスルヲ常トス。

英國ノ歷史ニ觀ルニ上古ハ別ニ今日ノ所謂租稅ナルモノアリシコトナシ、國王ハ其ノ私有地、公有地及人民ニ課スル科料等ヨリ生ズル歲入ヲ以テ國家經費ノ支辨ニ當ラ、時ニ臨機ニ課役ノ事アリシニ過ギザリキ。其後十一、二世紀頃ニ地租ノ制ヲ興シ、亦海軍ヲ興スル爲メニ「シップモニー」(Ship money)ナル稅ヲ定メタルコトアルモ別ニ土地以外ニ課スルコトナカリキ。而シテ其ノ十五、六世紀ニ至ル迄デ猶ホ租稅ハ人民ヨリ國王ニ奉ル一ツノ贈與トノミ看做サレ、隨テ其ノ處分費途ノ如キハ全ク國王ノ自由ニセシ所ニシテ、王室財產ト一般政費ノ區別ノ如キハ全ク認メラレザリシ所ナリ。是ノ處分費途ノ自由ハ國王ノ專恣ヲシテ愈〻增大ナラシメ、內外ニ向テノ稅金ノ濫費ハ牽テ國庫ノ窮乏ヲ來シ、爰ニ始メテ重稅苛斂ノ端ヲ開クニ至リシモノナリ。

千百〇一年「ヘンリー」一世ハ自由憲章(Chartar of Liberties)ヲ發布シテ封建時代ニ於ケル苛稅ヲ革メタルコトアリ。「リチャード」一世及「ジョン」王時代ハ屢〻兵ヲ外國ニ用ヒタル爲メ軍費ノ窮乏ヲ來シ、兵役及課稅ヲ苛重ナラシメシヨリ國內ニ於テ貴族竝ニ僧侶ト國王トノ軋轢ヲ惹起シ、遂ニ千二百十五年大憲章ノ成立ヲ覩ルニ至レリ。

大憲章第十二條ハ納稅ニ關スル事項ニツキ。

『凡ソ祿稅(Scutage)又ハ補助金(Aids)ハ朕ガ王國ノ全般會議ニ依ルニアラザレバ之レヲ朕ガ王國ニ課スルコトナシ、但シ朕ガ身ヲ償フトキ朕ガ最長子ニ士(Knight)ノ冠ヲ加フルトキ及朕ガ最長女初婚ノトキハ此ノ限リニ非ズ、是レ等ノ場合ニ於テハ之ニ對シ相當ノ補助金ヲ仕拂フベキノ義務アルモノトス、倫敦府ノ補助金ニ關シテモ又右ノ例ニ準ス』

ト規定セリ。蓋シ租稅ハ國民ノ承諾アルニ非ザレバ之レヲ徵セザルノ原則ヲ揭ゲタルモノナリ。然レドモ此ノ大憲章ノ規定ノ精神ハ實際上行ハレズ、國王ハ常ニ任意ニ國民ニ重稅及强借ヲ迫リテ止マザリシ爲メ、遂ニ千二百九十八年「エドワルド」一世時代ニ國會ハ國王ヲシテ不正ノ徵稅ヲ廢シ將來ハ擧國ノ承諾ヲ經ズシテ課稅セザル旨ノ大憲章ノ確認ヲ爲サシメタリ。其後權利請願及權利法典ニ於テハ國會ノ承諾ヲ經ルニ非ザレバ一切ノ課稅ヲ爲サザル旨ヲ明ニシテ今日ニ至リタルモノナリ。

今日ニ於ケル英國々庫歲入ノ淵源ハ、(一)國會議定ノ稅法ニ由ルモノ、(二)國王世襲ノ歲入(王室地及海軍雜收入 Droit of Admirality)ヨリ成立ス。初メ國王ノ世襲歲入ハ王室經費ニノミ支辨セラレアリシト雖モ「ヴヰクトリア」女皇治世ノ初メニ於テ之レ等ノ收入モ總テ國庫ニ拂込マレ、王室經費ハ別ニ國庫ヨリ毎年五十萬磅宛ヲ支出セラルヽコトニ改メラレタリ。

英國ノ兵制ハ徵兵制ニアラズシテ民兵軍(Militia)ヲ以テ憲法上ノ原則トセリ。權利法典ハ『國會ノ承諾ヲ經ズシテ常時ニ王國内ニ常備兵ヲ置クハ違法ナリ』ト規定セリ。英國ノ立憲政體ハ原ト國王ノ專政ニ反抗スルノ趣意ニ依リ完成セラレタルモノナリ、隨テ其ノ兵制ノ如キモ常備軍ヲ置クトキハ國王ノ專政ノ爪牙ト爲ル恐レアリトシテ國民ハ之レヲ悅バズ、是レ英國ガ古來ヨリ民兵軍ヲ以テ憲法上ノ原則ト爲ス所以ナリ。卽チ國家平安ノ時代ニ於テハ軍隊ヲ設備スルノ要ナク、國難危急ノ場合ニ於テノミ之レヲ充實スレバ足レリトスルガ英國憲法ノ精神ナリキ。然リト雖モ十七世紀ノ終リヨリ十八世紀ノ始メニ當リ英國人モ常備軍ニアラザレバ到底外寇ヲ防禦シ、英國ノ獨立ヲ全シ能ハザルコトヲ自覺スルニ至レリ、於是カ千六百八十九年ニ第一回ノ常備軍設置條例ヲ發布シテ爾來常備軍(Standing army)ヲ設ケ其後千八百八十一年ニ至リ同ジク常備軍ニ關シ陸軍條例ヲ發布シテ今日ニ至リタルモノナリ。最近歐洲大亂ノ起リシ以來、英國ニ於テモ募兵ノ都合上徵兵制ヲ發布セントスル議論盛ニシテ一部分ニ之レヲ實施スルニ至リシト雖モ、其ノ平和克復後ハ再ビ舊制ニ復スベキコトハ英國ノ國柄上之レヲ想像スルニ難カラザルナリ。英國ニ於テハ常備軍ヲ設ケタリト雖モ、憲法上ノ原則タル民兵軍ノ制度ハ敢テ變更セラレタルモノニ非ズ、單ニ其ノ補充トシテ特別ノ制度ヲ設ケタルニ過ギザルナリ。故ニ英國ノ常備軍ハ徵兵ニ非ズシテ傭兵ナリ、其ノ數モ平時ハ至ツテ僅少ニシテ國家時變ノ際ハ特ニ之ヲ增大スルノ仕組ナリ、其ノ存續ノ期間モ一箇年限リニシテ、國會ニ於テ每年常備兵ノ數及其ノ經費ヲ議決セラルヽニ於テ、始メテ年々新シク其ノ繼續ヲ維持シ得ルニ過ギザルナリ。

米國憲法第一章第八條第一項ハ、

『議會ハ合衆國ノ國債ヲ償還シ國防及安寧ノ維持ニ必要ナル設備ヲ爲スタメニ租稅、內地稅、輸入稅及消費稅ヲ賦課徵收スルコトヲ得、但シ凡ノ內地稅、輸入稅及消費稅ハ合衆國ヲ通ジテ平等ナルヲ要ス』

ト規定セリ。卽チ米國ニ於テハ我國及英國ト異リ租稅賦課ノ權限ヲ全然議會ガ掌握シアルモノナリ、大統領ニハ毫モ課稅ノ權力ナシ。而シテ議會ノ此ノ權限ハ憲法ノ規定ニ違反セザル限リ如何ナル物品ノ上ニ如何ナル方法ヲ以テ賦課スルモ全ク自由ナリ、但シ合衆國ノ各州ヲ通ジテ其ノ率ノ平等ナルヲ要スルモノナリ。

米國憲法第一章第八條第二項ハ、

『議會ハ陸軍ヲ設ケ且ツ之ヲ維持シ海軍ヲ設ケ且ツ之ヲ維持シ陸海軍ノ統率管理ニ關スル規則ヲ定メ—敵軍ノ侵入ヲ擊退スル爲メニ義勇軍召集法ヲ定メ、又義勇軍ノ編成、武器及訓練ニ關スル規定ヲ定メ、且ツ義勇將官ノ任命及義勇兵ノ訓練法ヲ定メ、合衆國政府ノ召集シタル義勇軍ヲ管理スル規則ヲ定ム――』ト規定セリ。卽チ米國モ英國ト同ジク民兵制度ナリ。而シテ其ノ陸海軍徵募ニ關スル全權力ハ議會ノ掌握スル所ナリ、大統領ノ陸海軍統帥權ハ單ニ議會ノ召集シタル軍兵ヲ統帥スルニ止マルモノニシテ自ラ一兵ダモ徵募シ得ル權力アルモノニ非ザルナリ。米國ニ於テモ又英國ト同ジク常備兵ハ一ツノ補充的ニノミ設ケラレタルモノニシテ其ノ性質モ傭兵ナリトス。

英、米兩國ヲ通ジテ民兵制ヲ採用スト雖モ、之レガ爲メ是レ等ノ國民ハ兵役ノ義務ヲ負擔セズト謂ヒ得ルモノニ非ズ。蓋シ國民ガ自國防衞ノ衝ニ當ルベキ義務アルハ當然ノコトニシテ、其ノ兵制ガ徵兵制ナルト民兵制ナルトノ如キハ唯ダ其ノ義務ノ體樣上ノ差異タルニ過ギズシテ、之レガ爲メ毫モ兵役義務ノ本體ノ存否ニ影響アルモノニ非ザルナリ。

第三節　臣民ノ權利

權利思想ノ發達

權利トハ法律ノ保護スル利益ノ範圍ナリ。權利ニハ公權私權ノ別アリ。我國ニ於テハ維新前ハ所有權、相續權其他ノ私權ニツキテハ相當ニ保護セラレシコトノ認メラレザルニアラズト雖モ、公權卽チ臣民ヨリ國家ニ對シテ有スル權利、換言セバ臣民ヨリ官府ニ對シテ權利ヲ有スル等ノ思想ハ毫モ存在スルコト無ク、御上ノ御命令トナレバ理否ノ如何ヲ問ハズ何事ニモ服從セザル可カラザルモノト考ヘラレタルモノナリ。然ルニ維新後泰西文物ノ輸入セラルヽト共ニ、自由民權ノ思想ニツキテモ著シク發達ヲ爲シ、時勢ノ推移ハ遂ニ憲法大典ノ御發布ヲ見ルニ至リ、臣民ノ權利自由モ憲法條中明ニ是レガ保障ヲ完フセラルヽヲ得ルニ至リシモノナリ。

臣民公權ノ觀念

憲法上臣民ノ國家ニ對シテ有スル權利ハ勿論公權ナリ。世界ノ法學者ヲ通シテ公權ノ研究ハ未ダ甚ダ幼稚ニシテ、自然法學者ハ曰ク、人ノ權利自由ハ吾人ノ自然ニ享有スル所ニシテ國家ハ單ニ法律ヲ定メ之レヲ承認スルニ過ギズト。英國ノ法理學者「ブラックストーン」(Black-stone)モ吾人ハ國家以前ニ絕對ノ自由ト權利トヲ有セシモノヲ國家成立ノ際ニ其ノ一部ヲ國家ニ提供シ、國民的社會ノ組織ニ必要ナル種々ノ羈絆ヲ蒙ルニ至リタルモノナリト稱セリ。然レドモ是ノ自然法說ナルモノハ其ノ當然ノ順序トシテ國家ノ成立ヲ各人ノ契約ニ置カザル可カラザルコト、爲リ、既ニ今日ノ學界ニ於テハ腐說トシテ一顧ニダニ價スルモノニアラズ。獨逸ニ於テハ「スタール」、「ゲルベル」等ノ學者ノ學理的ニ公權ニツキ詳說ヲ試ムルアルニ對シ、「ラバンド」ハ極テ狹隘ナル範圍ニ於テノミ之レヲ認メ、「ボルンハック」ニ至リテハ公權ハ全ク存在セズト主張スルニ至レリ。「ボルンハック」ハ普國々法第一卷ニ於テ、凡ソ權利義務ノ關係ヲ生ズルニハ其ノ兩者ガ同一ノ法規ノ下ニ立ツ場合ニノミ限ルモノトス、然ルニ國家ハ法規ノ淵源ナリ、臣民ト同一ノ地位ニ於テ法規ニ拘束セラル可キモノニ非ズ、縱令國家ハ其ノ自ラ發シタル法規ニ拘束セラル、コトアルモ之レ即チ自己固有ノ意思ニ出シモノニシテ、何等他人ノ意思ニ因リ制限ヲ受クルモノニ非ズ、國家ハ自己ノ立法權ヲ以テ自由ニ法規ヲ改廢スルヲ得ルモノナリ、故ニ國家ハ法理上臣民ヨリ何等義務ヲ負擔スルモノニ非ズ、又臣民ハ國家ニ對シ何等ノ權利ヲモ有スルモノニ非ズ。而シテ憲法ニ所謂臣民ノ權利トシテ列擧セルモノハ、單ニ臣民ガ外國人ニ比シ或ル特殊ノ權利ヲ有スルコトヲ指示セルニ過ギザルナリト說明セリ。然レドモ是レ未ダ盡サヾルノ說ニシテ、凡ソ法律學上ニ於テ國家ト臣民間ノ統治關係ヲ論ズルニハ、國家ト臣民間ノ關係ヲ定メタル法規ノ存在セルコトヲ前提トセザル可カラズ、已ニ爰ニ一ツノ法規存在ストスレバ、其ノ法規上臣民ノ以テ利益トシテ主張シ得ベキ範圍ハ、臣民ノ有スル權利ノ範圍ニシテ、其ノ法規上國家ノ制限ヲ受ク可キ範圍ハ、國家ノ負擔スル義務ノ範圍ナリ。「ボルンハック」ノ所謂國家ハ自己ノ立法權ヲ以テ自由ニ法規ヲ改廢スルコトヲ得ルヲ以テ、毫モ意思ノ制限ヲ受クルモノニ非ズ又義務ヲ負擔スルモノニ非ズトノ說ハ、法理論ト事實論トヲ混同セルモノニシテ、苟モ法律ノ存在シテ未ダ改廢セラレザル以上ハ、其ノ法律ニ於テ臣民ノ主張シ得ベキ利益ノ範圍トシテ規定シタル事項ヲ、臣民ノ權利ナリト論ズルニ法理上毫モ支障アルコトナシ、是レヲ他ニ例ヲ牽テ考フルモ、國家ハ臣民タル個人ト賣買、交換等ノ財產上ノ取引ヲ爲シ得ルト雖モ、此ノ場合ニ於テ國家ハ立法權ヲ以テ自由ニ賣買交換等ノ法規ヲ改廢スルコトヲ得ルノ理由ヲ以テ、國家ハ賣買交換等ノ取引ニツキ毫モ法律上義務ヲ負擔スルモノニ非ズト論ズルモノアラムカ、誰レカ其ノ暴論タルニ驚カザルモノアラム。國家ハ立法權ヲ有スルヲ以テ法律上義務ヲ負擔スルモノニアラズトノ說ノ誤レルコト以テ識ル可キナリ。

公權私權ノ別

國家モ法律ノ拘束ヲ受ケ、臣民ハ國家ニ對シ權利ヲ有スルコト已ニ論ジタル如シ。而シテ憲法上臣民ガ國家ニ對シテ有スル權利ハ之レヲ臣民ノ公權ト謂フ。公權ニ對スルモノハ私權ナリ。公權ト謂ヒ私權ト謂フモ敢テ權利ノ性質上ノ區別ニ非ズ、單ニ其ノ權利ノ內容ニ由リ學理上之レガ區別ヲ爲シタルニ過ギズ。而シテ此ノ區別ノ標準ニツキテハ學說區々タリト雖モ、其ノ最モ廣ク行ハレテ且ツ比較的正確ナリト信ジ得ルモノハ、臣民ノ國家ニ對シテ有スル權利ハ之レヲ公權ト謂ヒ、私人相互間ノ權利ハ之レヲ私權ト謂フ、卽チ國家的生活關係ニ於ケル權利ハ公權ニシテ、個人的生活關係ニ於ケル權利ハ私權ナリト謂フ可キナリ。臣民ノ公權ハ之レヲ類別シテ自由權、請求權、參政權ノ三ト爲スヲ普通トス、以下乞フ是等ノ公權ニツキ詳論ヲ試ミン。

第一款　自由權

自由權ノ沿革

自由權ノ沿革ニツキ觀ルニ、往古ハ歐洲ニ於テモ毫モ臣民ノ自由權ナルモノヲ認メラレシコトナク、其ノ始メテ之ヲ認ムルニ至リシハ、英國ニ於テ千二百十五年ニ國王「ジョン」ガ大憲章(Magua Charta)ヲ確認セシニアリトス。卽チ從來國王ガ臣民ニ加ヘツヽアリシ抑壓ハ之レヲ除去シ、尙ホ將來ニ向テモ臣民ノ自由ニ加フ可キ制限ノ重要ナルモノハ必ズ其ノ承諾ヲ經ベク、濫リニ國權ヲ以テ自由ノ侵害ヲ爲サヾル可キコトヲ定メタリ。此ノ大憲章ハ之レガ實行ニツキ國王ト臣民トノ間ニ著シキ爭鬪ヲ重ネシト雖モ、遂ニ千二百九十八年ニ至リテ國王「エドワード」ガ其ノ實行ヲ確約シ、其ノ後千六百八十九年ニ至リ名譽革命ノ權利宣言ヲ以テ、英國臣民ノ自由權ハ愈、之レガ保障ヲ全セラルヽニ至レリ。佛國ニテハ又千七百九十一年ノ革命ニ於ケル人權宣言ヲ以テ、人民ハ各天賦ノ自由權ヲ有ス、是ノ自由權ニ對シテハ國家及法律ト雖モ其ノ基礎ヲ之レニ置カザル可カラズト稱シテ、人民ノ自由權ヲ主張シ。米國ニテハ合衆國獨立ノ宣言及ビ千七百八十七年制定ノ合衆國憲法ニ於テ、人民ノ自由權ヲ認メ以テ國權行動ノ範圍ヲ制限スルニ至レリ。

斯ノ如ク英、米、佛共ニ國民ノ自由權ヲ認ムルニ至リシハ同一ナリト雖モ、英、米ノ主義ト佛國ノ主義トハ其ノ之レヲ認ムルニ至リシ根源ニ著シキ差異アルコトヲ知ラザル可カラズ。我憲法ハ歐米各國ノ憲法ト異リ其ノ制定ノ歷史ヲ異ニス、隨テ其ノ臣民ノ自由權ニツキテモ、臣民ノ幸福ヲ希ハル、大御心ニ出シ國權行動ニ關スル君主ノ任意ノ制限ナリト觀ル可キナリ。

自由權ノ性質

自由權ノ性質ニツキテハ學者間ニ多少ノ異論アリ、或ハ自由權ハ單ニ國家ガ國民ノ自由ニ少シモ干涉セザル意思ヲ表明シタルニ過ギザルヲ以テ權利ニ非ズト謂ヒ。或ハ又自由權ハ統治權ノ作用ニ對スル制限ニシテ、國民ニ對シテハ一ツノ反射的利益タルニ過ギズ、故ニ權利ニ非ズト稱スル者アリ。然レドモ國家ガ國民ノ自由ニ干渉セザル旨自ラ國權ノ行動ニ制限ヲ附シタルハ、之レ即チ國家ハ此ノ制限ヲ越エザル義務ヲ負擔スルモノニシテ、國民ハ又自由ノ範圍ヲ侵害セラレザル權利ヲ有スルモノト謂フニ妨ゲナシ、故ニ自由權モ亦權利ナリ。

自由權ハ其ノ内容ニ於テ、國家ノ統治權ニ依リ侵害セラル、コト無キノミナラズ、又國民相互間ニ於テモ侵害セラル、コトナシ。前者ハ公權タル自由權ニシテ、後者ハ私權タル自由權即チ人格權ナリ。

自由權ハ權利ナリト雖モ、國家ハ國民ノ承諾アルニ於テハ之レニ侵入シ又ハ制限ヲ爲スコトヲ得。即チ各國憲法ハ國民ノ自由ノ範圍ヲ定メアリト雖モ、國會ノ承諾アルニ於テハ其ノ範圍ヲ侵シ得ルコト各國其ノ軌ヲ一ニス(米國ニ於テハ憲法ノ改正ヲ要ス)、故ニ自由權ノ實質ハ國家ガ國會ノ承諾ヲ經ルニ非ザレバ侵犯スルコトヲ得ザル國民權利ノ範圍ニシテ、主權者ノ專政ヲ防遏スル保障ナリト謂フコトヲ得。自由權否權利說ノ根據モ此所ニアリト雖モ、尙ホ以テ權利ト謂フニ妨グナキコト前述ノ如シ。

我憲法上ノ自由權

我憲法ニ於テモ第二章ニ列擧セル各種ノ自由權ハ、議會ノ協贊ヲ經タル法律ヲ以テスルニアラザレバ濫リニ制限セザル旨ヲ表明セシモノナリ。故ニ是レ等ノ自由權ト雖モ絕對ニ自由タルモノニ非ズシテ、議會ノ協贊ヲ經タル法律ヲ以テスレバ國家ハ之レヲ制限シ得ルモノナリ。今左ニ我憲法ニ列擧セル各種ノ自由權ニツキ之レヲ概說セン。

第一　居住及移轉ノ自由

『日本臣民ハ法律ノ範圍內ニ於テ居住及移轉ノ自由ヲ有ス』(憲法第二十二條)。

第二　身體ノ自由

『日本臣民ハ法律ニ依ルニ非ズシテ逮捕監禁審問處罰ヲ受クル、コトナシ』(憲法第二十三條)。

逮捕トハ捕縛セラル、コト、監禁トハ收監又ハ拘留セラル、コト、審問トハ或ル事實ニツキ取調ヲ受クルコト、處罰トハ刑事上ノ處刑ヲ受クルコトナリ。是レ等ノ事項ニツキテハ議會ノ協贊ヲ經タル法律ヲ以テノミ之ヲ定ムルコトヲ得ルモノニシテ、勅令ヲ以テハ爲スコトヲ得ズ、尤モ懲戒罰、執行罰等ハ特例ナリ。

第三　住所安全ノ自由

『日本臣民ハ法律ニ定メタル場合ヲ除ク外其ノ許諾ナクシテ住所ニ侵入セラレ及搜索セラル、コトナシ』(憲法第二十五條)。

住所トハ人ノ平生生活スル場所ヲ謂フ、而シテ此所ニ所謂住所トハ一般ノ法律ニ於テ謂フ住所トハ少シク趣ヲ異ニス、一般ノ法律ニ於テハ居所ト視ル可キモノモ此所ニハ住所トシテ解釋ス可キナリ。臣民ノ住所ハ其ノ承諾アル場合カ、議會ノ協贊ヲ經タル法律ニ依リ規定シタル場合ヲ除ク外、濫リニ侵入セラレ又搜索セラル、コトナシ、其ノ法律ニ依ル場合トハ刑事訴訟法上ノ手續ノ如キ之レナリ。

第四　信書秘密ノ自由

『日本臣民ハ法律ニ定メタル場合ヲ除ク外信書ノ秘密ヲ侵サル、コトナシ』(憲法第二十六條)。

第五　集會結社及思想發表ノ自由

『日本臣民ハ法律ノ範圍內ニ於テ言論著作印行集會及結社ノ自由ヲ有ス』(憲法第二十九條)。

人ガ社會的及國家的諸種ノ研究ヲ爲スニハ、吾人ガ共同一致スル集會及結社ヲ爲シ竝ニ思想發表ヲ爲スノ自由アルコトヲ必要トス、殊ニ立憲國ニ於テ國民ガ政治上ノ事項ヲ研究スルニ當リテハ其ノ必要最モ適切ナリ。　集會トハ多數人ガ共同ノ目的ヲ以テ一回限リ集會スルヲ謂ヒ、結社トハ多數人ガ共同ノ目的ヲ以テ永續セル期間結合スルヲ謂フ。思想發表ノ自由中ニハ言論卽チ演說、講演、談話等ヲ以テスルト、又著作卽チ文書、圖畫等ヲ以テスルト、又印行卽チ木版、活版、石版等ヲ以テスルトアリ。以上ノ集會結社及思想發表ノ自由ニツキテモ議會ノ協贊ヲ經タル法律ヲ以テスルニ非ザレバ之レガ制限ヲ爲スコトヲ得ザルナリ。

第六　所有權ノ自由

『日本臣民ハ其ノ所有權ヲ侵サルヽコトナシ、公益ノ爲必要ナル處分ハ法律ノ定ムル所ニ依ル』(憲法第二十七條)。

第七　信敎ノ自由

『日本臣民ハ安寧秩序ヲ妨ゲズ及臣民タルノ義務ニ背カザル限ニ於テ信敎ノ自由ヲ有ス』(憲法第二十八條)。

以上ハ我憲法ニ列擧セル事項ナリト雖モ、吾人臣民ハ右ノ列擧事項以外ニハ毫モ自由權ヲ有セズトノ意ニ非ズ、臣民ハ其外濫リニ生命ヲ奪ハレザル自由、學問ノ自由、結婚ノ自由、服裝ノ自由等種々ノ自由權ヲ有スルモノニシテ、憲法ノ精神ハ日本臣民ハ法律ニ依ラズシテ濫リニ其ノ自由ヲ侵サルコトナシト廣ク概括的ニ解釋ス可キナリ。各國ヲ通ジテ憲法上自由ノ保障ニツキ重要ナル事項ヲ列擧シツ、アルハ、之レ歐洲中世ニ於ケル天賦人權思想ノ遺物ニシテ唯其ノ憲法ノ體裁ヲ飾ルニ過ギズ、理論上何等ノ根據アルモノニ非ザルナリ。

三權分立ノ主義ヲ明確ニシ、自由ノ保障ヲ完フスルコトハ近世憲法ノ特質ナリ。殊ニ其ノ英、米兩國憲法ニ至リテハ自由ノ保障ヲ完フシタルコト他ニ其ノ類例ヲ視ズ。憲法ノ成立モ是レガ爲メニ起リ、憲法ノ發達モ是レガ爲メニ生ズ。實ニ自由ノ保障ハ英、米憲法ノ生命ナリ。

自由權ニ關スル英國憲法ノ規定

英國憲法ハ不成文ナルコト已ニ屢〻述ベタル如シト雖モ、自由ノ保障ニ關スル事項ニツキテハ種々ノ法典ヲ有ス。即チ有名ナル大憲章(Magna Charta)(千二百十五年「ジョン」王卽位十七年)ヲ始メトシ、權利請願(Petition of Right)(千六百二十八年「チャールス」第一世王卽位三年)、權利法典(Bill of Right)(千六百八十九年「ウキリアム」第三世王及「メリー」女王卽位一年)及人身保護律(Habeas Corpus Acts)(千六百七十九年「チャールス」第二世卽位三十一年)ノ如キ是レナリ。是レ等ノ法典ニ規定セル個人ノ自由ノ主要ナル部分ハ大憲章第三十九條ニ

『同輩(Peers)ノ適法ナル判決ニ基クカ將タ國法ニ依ルノ外自由民ハ妄リニ拘禁繫獄セラレ、又ハ財產ヲ强奪セラレ、又ハ法律ノ保護外ニ置カレ、若クハ國外ニ追放セラレ、其ノ他何等ノ方法ヲ以テモ權利自由ヲ侵サル、コトナシ、又右ノ方法ニ依ルニ非ザレバ朕ハ自由民ノ地ニ履入リ又ハ其地ニ軍隊ヲ送ルコトナシ』

ト規定セルアリ。之レ卽チ臣民ノ身體、財產、住所等ニ關スル自由權ノ保障ナリ。以下先ヅ身體上ノ自由ヨリ說明セン。

英國臣民ハ適法ナル判決カ國法ニ依ルニアラザレバ逮捕監禁セラル可キモノニ非ズ、然レドモ單ニ憲法上斯ル規定アルノミニテハ未ダ以テ實際上自由ノ保障ヲ完フシタリト謂フヲ得ズ、故ニ茲ニ人身保護令狀(Writ of Habeas Corpus)ナルモノヲ定メ、更ラニ人身保護律(Habeas Corpus Acts)ヲ以テ保護狀ノ效力ヲ發揮スルコトニ強メラレタリ。人身保護狀トハ如何ナルモノナルヤト云フニ、爰ニ犯罪ノ嫌疑又ハ他ノ事狀ニ由リ拘禁セラレタル者アリトスルニ、其ノ者ヲ久シク曖昧裡ニ繫留シ置クコトハ身體ノ自由ヲ侵害スルノ甚シキモノナルヲ以テ、是ノ場合ニハ本人又ハ代理人ノ申請ニ依リ、裁判所ハ司獄官又ハ其他ノ看守者ニ向ヒ在監者ヲ直ニ裁判所ニ挈來ス可キコトヲ命ジ、裁判官ハ收監ノ理由ヲ調査シテ其ノ拘禁ノ不法ナルトキハ直ニ之レヲ解放シ、亦拘禁ノ理由アルトキハ相當ノ所置ヲ爲サシムルニアリ、是ノ在監者ヲ裁判所ニ挈來スル爲メ發スル令狀ヲ人身保護狀ト謂フ。人身保護律ハ司獄官又ハ其他ノ看守者ガ裁判所ヨリ人身保護狀ヲ受クルトキハ、直ニ收監ノ理由ヲ具シテ在監者ヲ法廷ニ差出ス可キ義務アルコト、若シ之レニ違反スルトキハ法廷侮辱罪ニ問ハル可キコト、裁判所ハ取調ノ結果收監理由ノ不充分ナルトキハ直ニ之レヲ解放シ、若シ其ノ理由充分ナルニ於テハ輕罪ノ場合ニハ相當ノ手續ヲ經テ保釋ヲ請求スルコトヲ得ベク、又事件ガ反逆罪其他ノ重罪ナルトキハ收監後第一期ニ開カル可キ法廷ニ於テ審問ヲ受ク可キコトヲ主張スルヲ得セシメ、若シ裁判所ガ第二期ニ開カル可キ法廷ニ於テモ審問ヲ爲サヾルトキハ無條件ニ解放ヲ請求スルコトヲ得セシムル規定ニシテ、要スルニ人身保護律ハ刑事被告ノ故ヲ以テ永ク人ヲ幽閉スルコトヲ防止スルノ意ニ出シモノナリ。此ノ人身保護律ハ千六百七十九年卽チ「チャールス」第二世王三十一年法令第二號ヲ以テ刑事被告人ニ對シテノミ發布セラレタルモノナルモ、其ノ後千八百十六年「ジョージ」第三世王五十六年法令第百號ヲ以テ、刑事被告人以外ノ發狂人其他ノモノ、拘禁ノ場合ニモ適用セラル、コトト爲レリ。

人身保護律ハ人身保護律中止條例(Habeas Corpus Suspension Acts)ヲ以テ其ノ效力ヲ一部分中止セラル、コトアリ、其ノ場合ハ多クハ公安維持ノ必要アルトキニノミ限ルモノニシテ、例ヘバ反逆罪其他重大犯罪ノ被告トシテ國務尙書ノ命狀ニ依リ收監セラレシ者アル等ノ場合ニ、國會ガ此ノ中止條例ヲ通過スルニ因リテ效力ヲ生ズ。而シテ此ノ中止條例ノ效力ヲ有スル間ハ、人身保護狀ニ依リ人身ノ自由ヲ回復スルコトヲ得ザルナリ。然レドモ此ノ中止條例ノ效力ハ單ニ一ヶ年間ニ限ルモノニシテ、更ラニ效力ヲ繼續セシメント欲セバ更ラニ毎年國會ガ之レヲ決議シ通過セザル可カラズ。中止條例ハ人身保護律ノ全體ニツキ發セラル、モノニ非ズシテ、單ニ公安維持ノ必要アリト認メラル、犯罪ニツキテノミ發セラル、モノナリ。故ニ其他ノ犯罪又ハ非刑事的監禁等ニ對シテハ人身保護狀ニ依リ依然トシテ其ノ保護ヲ全フシ得ルモノトス。

公安維持ノ必要上ハ人身保護律中止條例ヲ發シ、反逆罪其他重大犯罪ノ被告トシテ收監シタルモノヲ永日月間自由ヲ拘束シ得ルモ、一旦中止條例ノ廢止セラル、ヤ夫レ等ノ在監者ハ直ニ人身保護律ノ保護ヲ被リ、保護狀ニ依リ自己ノ被リシ嫌疑ノ當否ニツキ裁定ヲ受クルコトヲ得ルヲ以テ、若シ曩ニ國務尙書ガ發シタル收監令狀ニシテ不當ナラムカ、各國務大臣ハ不法ニ人ノ自由ヲ拘束シタル理由ノ下ニ刑法上竝ニ民法上ノ責任ヲ負擔セザル可カラズ。其ノ令狀ヲ發シタル目的ガ國家ノ公安維持ノ必要ニ出デタル止ヲ得サル事狀ナルト否トハ英國法律ノ問フ所ニ非ザルナリ。於是カ英國ニ於テハ、國務尙書ノ曩ニ發シタル收監令狀ガ果シテ公安維持ノ必要ニ出デタル止ヲ得ザルモノナリセバ、人身保護律中止條例ノ廢止ヲ爲スト同時ニ、國會ノ承諾ヲ經テ赦免條例(Pardon Acts)ナルモノヲ發布シ、以テ先ニ發シタル收監令狀ガ縦令不當ナルモ、國務尙書其他ノ者ノ一切ノ民事刑事上ノ責任ヲ免除スルコト、爲リ居レリ。英國ノ此ノ赦免條例ノ制度ハ、政府ガ專政ヲ以テ妄リニ臣民ノ自由ヲ拘束スルコトヲ得ザルト共ニ、又眞實ニ公安維持ノ必要アル場合ニシテ、且ツ在監者ニ對シテモ收監中冷酷殘忍等ノ取扱ナク、國民ノ憤怒ヲ招ク樣ノコトナキ以上ハ國會ハ必ズ赦免條例ヲ通過シテ責任ヲ免除ス可キ慣例ナリ。

身體ノ自由ニ次デ英國憲法上重視セラル、ハ公會ノ自由、言論ノ自由及出版ノ自由ナリ。然レドモ是レ等ニツキテハ英國ノ制定律全書ヲ通覽スルモ何等ノ規定アルコトナシ、卽チ憲法上何等ノ明定ナシト雖モ其ノ公會ト謂ヒ、言論ト謂ヒ、出版ト謂ヒ、苟モ他ノ制定律ニ違反スルコトナキ限リハ全ク自由ナリト觀念スベキナリ。英國ニ於テハ古ヨリ『凡ソ人ハ社會上宗敎上及政治上ノ問題ニツキ毫モ法律ノ刑罰ヲ受クル恐ナク、自由ニ公會シ又ハ其ノ欲スル所ヲ口述シ及筆記スルノ權利アリ』トハ廣ク一般ニ懷カルヽ思想ナリ。殊ニ言論及出版ニツキテハ誹毀律ニ、

『英國現行法ハ何人ニモ其ノ欲スル所ヲ口述筆記及發行スルコトヲ許ス、然レドモ彼若シ此自由ヲ濫用スレバ罰セラレザルヲ得ズ、若シ夫レ言語ヲ以テ一個人ヲ不正ニ攻擊スレバ誹毀サレタル者ハ損害要償ノ訴ヲ起スコトヲ得ベク、若シ又其ノ言語ヲ筆記シ又ハ印行スルトキ又ハ之レヲ以テ內亂惡德ヲ敎唆スルトキハ告訴又ハ公訴ニ依リ輕罪犯トシテ其犯人ヲ審問スルコトヲ得ベシ』

トノ規定アリト雖モ、苟モ之レニ違反セザル限リハ自由ノ保障ヲ妨ゲラルヽコトナシ。爰ニ英國法律ノ精神トシテ、國民ハ將來罪ヲ犯スノ恐レアリトシテ豫メ政府ヨリ何等ノ拘束ヲ受クルモノニ非ズ。我國及佛國ノ如キハ將來治安ヲ害スヘキ公會、言論及出版等ニツキテハ豫

メ政府ヨリ之レヲ禁制スルノ法規備ハルト雖モ、英國ニ於テハ敢テ此ノ事アルコトナシ。是レ特ニ注意スベキ事項ナリ。

財産權上ノ自由ニツキテハ英國憲法上明ニ之レヲ保障スル所ニシテ、大憲章第三十九條中ニハ『國法ニ依ルノ外財産ヲ强奪セラル、コトナシ云々』ト規定セリ。卽チ國王ハ專權ヲ以テ濫リニ徵税及公用徵收等ヲ爲スコトヲ得ズ、之レヲ爲スニハ必ズ國會ノ承諾ヲ經ザル可カラザルナリ。其他居住、營業、宗敎ノ自由等モ國會ノ承諾ヲ經タル法律ニ依ルニアラザレバ之レヲ剝奪シ能ハザルコトハ大憲章其他ノ諸誓約等ニ於テ皆保障セラル、所ナリ。

自由權ニ關スル米國憲法ノ規定

米國憲法ハ三權分立ノ主義ヲ最モ嚴明ニ規定セル爲メ、自由ノ保障ニツキテモ其ノ方法ノ確實ナル殆ド他ニ其ノ類例ヲ見ザル理想的ノモノナリ。卽チ政府ニシテ個人ノ自由ヲ侵害スルコトアラムカ、人民ハ憲法其他ノ法規ニツキ最上解釋權ヲ有スル裁判所ニ向テ其ノ不當ヲ訴フルコトヲ得ベク、大統領及政府ハ勿論議會ト雖モ其ノ裁判ニ從ハザル可カラザルナリ。故ニ米國憲法ニ於ケル自由ノ保障ハ單ニ理論上ニ於テ保障アルノミナラズ、實際上ニ於テモ其ノ保障ヲ確保スルニ充分ナルノ制度ナリ。

米國憲法追加條項第一條ハ

『議會ハ法律ヲ以テ國敎ヲ設定シ、信敎ノ自由ヲ禁ジ、言論出版ノ自由ヲ拘束シ、又ハ平穩ニ集會シ、及苦痛ノ救濟ヲ政府ニ請願スル權利ヲ禁制ス可カラズ』

同第四條ハ

『人民ノ身體、家宅、文書及財產ニツキ故ナク逮捕、搜索、押收ノ侵害ヲ爲ス可カラズ、又宣誓或ハ宣言ヲ附シテ相當ノ理由ヲ明示シ、搜索ス可キ物及場所又ハ逮捕ス可キ人ヲ表示スルニアラザレバ逮捕狀又ハ搜索狀ヲ發ス可カラズ』

同第五條末段ハ

『何人モ適當ナル法律ノ手續ニ依ラズシテ其生命、自由又ハ財產ヲ奪ハル、コトナシ、私有財產ハ相當ノ賠償ヲ受ケズシテ公用ノ爲メ徵收セラル、コトナシ』

同第九條ハ

『此憲法ニ於テ或種ノ權利ヲ枚擧シタルノ故ヲ以テ列擧セザル他ノ人民固有ノ權利ヲ否認シ又ハ輕ジタルモノト解釋ス可カラズ』

ト規定セリ、之レ亞米利加合衆國憲法ガ人民ノ自由權ニ關スル保障ノ全部ヲ規定セルモノナリ。然レドモ米國ハ合衆國(United States)組織ニシテ、四十有餘ノ各州ハ各州(State)トシテ又獨立ノ權力及政府ヲ有ス、故ニ單ニ合衆國憲法ニ於テノミ自由ノ保障アリトスルモ、各州ノ權力及政府ニ於テ之レガ保障ヲ爲スニアラザレバ未ダ以テ完全ナリト謂フ能ハズ、故ニ米國憲法追加條項第十四條後段ハ『何レノ州(State)ト雖モ合衆國市民ノ特權又ハ特典ヲ減縮スル法律ヲ作リ又ハ之レヲ施行ス可カラズ、又適當ナル法律ノ手續ニ依ラズシテ生命自由又ハ財産ヲ奪フ可カラズ』ト規定シ、米國人民ハ合衆國ヨリハ勿論、各州ヨリモ自由ノ侵害ヲ蒙ルコト無キモノトセリ。

自由保障ノ根源ニ關スル各國憲法ノ比較論評

國民ノ自由ノ保障ハ近世憲法ノ生命ニシテ、三權分立ノ主義、國會並ニ責任内閣ノ制度等皆ナ其ノ根底ヲ國民ノ自由保障ニ發セザルナシ、宜ナル哉、國民ノ自由保障ノ確全ナルハ國民ノ幸福ノ弘大ナル所以ニシテ、國民ノ幸福ノ弘大ナルハ國家隆盛ノ基本ナルニ於テヲヤ。於茲今各國憲法ニ於ケル自由保障ノ根原ヲ比較論評センニ、英國ノ憲法ハ最モ早ク發達セシト雖モ、此點ニ於テハ到底米國憲法ノ優秀ナルニ及バズ、獨、佛ノ憲法ニ至リテハ遙ニ英國憲法ノ下位ニ在ルヲ免ル、モノニ非ズ。　夫レ米國憲法ニ於テハ人民ノ自由ニ關スルコトハ憲法ノ成文上明ニ之レヲ規定シテ、大統領及ビ政府ガ之レニ違反スル能ハザルノミナラズ、議會ト雖モ苟モ憲法ノ條章ニ悖ル如キ立法行爲ハ毫モ之レヲ爲シ得可キニ非ズ。故ニ若シ政府ニシテ人民ノ自由侵害行爲アランカ、人民ハ司法裁判所ヘ出訴シテ其ノ救濟ヲ求メ得可ク、又議會ニ於テ違憲ノ立法ヲ爲サンカ司法裁判所ハ無效ノ立法ナル旨ヲ宣言シテ其ノ效力ヲ否定シ得ルナリ。此ノ點ニ於テ米國ノ司法裁判所ハ人民ノ主權ヲ直接ニ代表シテ憲法最上ノ解釋權ヲ有ス、而シテ此ノ司法裁判所ノ獨立權ト、人民ノ自由權トハ憲法改正大會ニ於テ(議會トハ別ナリ)憲法條章ノ變更ナキ以上ハ、何者ヨリモ之レヲ侵サル、コト無キナリ。之レニ反シテ英國憲法ニ於テハ臣民ノ自由ガ政府ニ依リ侵害セラレタル場合ニハ司法裁判所ニ訴ヘ救濟ヲ求ムルノ途アリト雖モ、若シ國會ガ立法行爲ヲ以テ臣民ノ自由ヲ制限スル法律ヲ作ルトキハ、此ノ法律ヲ破毀ス可キ何等ノ救濟機關ノ在ルコトナシ。米國ト異リ、英國ノ司法裁判所ハ國會ノ作成セル法律ノ違憲ナルコトヲ宣言シ得ル權力無キノミナラズ、反テ國會ノ爲メニ司法裁判所ハ廢止セラル、モ如何トモスル能ハザル關係ニ在ルモノナリ。獨逸憲法ハ臣民ノ自由權中憲法ノ條章ニ規定セルモノアリ、又議會ノ立法範圍ヲ制限セルコトモアリテ、多少其ノ主義ヲ米國憲法ニ倣フタルノ趣キアリト雖モ、其ノ政府及ビ議會ヨリ臣民ノ自由ヲ侵害セシ場合ニ米國憲法ノ如キ救濟方法ナキハ到底日ヲ同シテ語ルニ足ラズ。佛國憲法ニ至リテハ、政府ガ人民ノ自由ヲ侵害シタルトキハ行政裁判所ヘ出訴シ救濟ヲ求メ得ルコトト爲リ居ルモ、其ノ評定官ナルモノハ政府自ラ任命スルモノナルヲ以テ、自己ノ違法ヲ自ラ裁斷スルコトヽ爲リ、到底自由ノ保障ヲ確保スルノ根原トハ爲ラズ、其ノ議會ノ立法行爲ニツキ何等ノ監督方法ナキコト英、獨兩國憲法ニ異ラズ。然ラバ我國憲法ニ於テハ如何、吾人ハ唯ダ英、佛兩國憲法ヲ折衷セルモノニ酷似ストノミ謂フニ止メント欲ス。要スルニ自由ノ保障ニ關スル根原ハ米國憲法最モ確實ニシテ、他ノ各國ハ到底之レニ及ブ可クモアラズ。然リト雖モ今日ノ實際上ニ於テ英、獨、佛等ノ諸國ガ國民ノ權利自由ヲ保護スル程度ニ於テ毫モ米國ト異ルナキハ、唯ダ其ノ運用ノ巧妙ト公平ナルトニ因ラズンバアラザルナリ。

第二款　行爲請求權

行爲請求權ノ意義

臣民ハ國家ニ對シ絶對的服從義務アルト共ニ又利益ノ保護ヲ要求シ得可キ權利アリ、是レ卽チ行爲請求權ナリ。臣民ガ國家ニ向テ請求シ得ベキ公權ハ裁判要求權ト請願權トノ二トス。歐洲ニ於テハ往古ハ裁判上ニツキ臣民ノ權利ガ完全ニ保護セラル、ノ途ナク、臣民ニシテ政治上、宗教上等ノ關係ヨリ罪ナクシテ逮捕セラレ、又適法ノ裁判手續ニ依ラズシテ處刑セラレタル者ノ少ナカラザルコトハ歷史ヲ閲ム者ノ常ニ首肯スル所ナラム。其ノ請願ニツキテモ、國民多數ノ利益ヲ許テ請願シタルコトガ偶〻主權者ノ不興ヲ招キタルノ故ヲ以テ監禁、投獄セラレシ者ナキニ非ズ。於是カ英國ガ紀元千二百十五年ニ國王「ジヨン」ニ大憲章ヲ確認セシメシヲ始メトシ、各國皆其ノ臣民ガ國家ニ對シテ適法ナル手續ニ依ル裁判ヲ要求スル權利ト請願權トヲ憲法上認メテ、其レガ保護ノ完全ヲ期セザルモノナキニ至レリ。我憲法モ又同一ナリ。

我憲法ノ規定

第一　裁判要求權

『日本臣民ハ法律ニ定メタル裁判官ノ裁判ヲ受クルノ權ヲ奪ハルヽコトナシ』(憲法第二十四條)。

裁判官ハ終身官ニシテ其ノ地位ハ獨立ナリ、而シテ其ノ任命サル可キ資格、任命後ノ進退等皆法律ノ定ムル所ニ依ラザルナシ、是レ其ノ裁判ノ獨立ト公平トヲ維持スルノ必要上洵ニ當然ノコトナリ。而シテ日本臣民ハ此ノ地位ノ獨立ノ保障アル裁判官ノ裁判ヲ受クル權利アルモノニシテ、時ノ政府ノ政策又ハ勅令等ヲ以テ一時的ニ定メタル裁判所又ハ委員等ニ依リ裁判セラル可キモノニアラズ。又其ノ裁判ノ手續モ、民、刑訴訟法其他ノ法律ニ依ル適法ノ手續ニノミ依ル可キモノニシテ、政府ノ政略其他ノ爲メニ訴訟手續ニ關スル法規ヲ無視サル可キモノニ非ズ。

刑事訴訟ハ國權ヲ以テスル刑罰權ノ應用ナルヲ以テ、敢テ臣民ノ積極的要求ヲ要セズト雖モ、民事訴訟ノ場合ニハ臣民ノ裁判要求アルニ依リ始メテ其レガ手續ノ開始セラルヽモノナリ。裁判要求權ハ行政訴訟ニツキテモ同一ナリ、然レドモ軍人ニ對スル場合並ニ戰時、事變ノ場合ニハ特別ノ方法ニ依リ裁判セシムルコトヲ得ルナリ。

第二　請願權

『日本臣民ハ相當ノ敬禮ヲ守リ別ニ定ムル所ノ規定ニ從ヒ請願ヲ爲スコトヲ得』(憲法第三十條)。

請願トハ臣民ガ國家ニ對シ利益ノ顧慮ヲ願望スルヲ謂フ。而シテ日本臣民ハ相當ノ敬禮ヲ守リ、請求願望ノ體裁ヲ具ヘタル書類ヲ以テ請願ヲ爲スコトヲ得。請願ニ關スル法律ノ規定ハ、貴衆兩院ニ對シテハ議院法ニ之レガ規定存スト雖モ、天皇及行政官廳ニ對スル請願ニツキテハ何等ノ規定アルコトナシ、然ラバ今日ニ於テハ天皇及行政官廳ニ對シテハ請願ヲ許サヾルモノナルヤト云フニ敢テ然ラズ、內閣官制第五條五號ニヨリ解釋シテ、臣民ハ相當ノ敬禮ヲ守リタル上ニ天皇及行政官廳ニ對シテモ請願ヲ爲シ得ルモノナリ。臣民ヨリ請願アリタルトキハ政府及各議院ハ之レヲ審査ス可キ義務アリ、但シ之レヲ採用スルト否トハ問フ所ニアラザルナリ。（本書ノ脫稿後請願令ノ發布アリタリ茲ニ注意ス）

行爲請求權ニ關スル英米憲法ノ規定

英國ノ大憲章第三十九條ハ『同輩(Peers)ノ適法ナル判決ニ基クカ云々』、又同第五十二條及第五十六條ニ於テモ『英國人及「ウエールス」人ハ同輩ノ適法ナル判決ニ依ルニ在ズンバ云々』ト規定セリ。是ノ同輩(Peers)ノ適法ナル判決トハ、英國ニ於テハ其ノ裁判ノ方法全然我國ト異リ、各事件毎ニ其ノ事件發生附近ノ國民中ヨリ選任シタル十二名ノ陪審官(Jury)ニ於テ事實ノ裁定ヲ爲シ、判事ハ其ノ陪審官ノ裁定シタル事實ニ對シ法律ノ適用ヲ爲スモノナリ。此ノ十二名ノ陪審官ノ裁定ヲ爲スヲ稱シテ同輩(Peers)ノ裁判ト謂フ。米國憲法モ其ノ第三條第二項ニ於テ『彈劾事件ヲ除クノ外百般ノ犯罪ノ審理ハ陪審官(Jury)ヲ以テス可シ云々』ト規定シ、特ニ其ノ憲法追加條項第六條ハ『凡ソ刑事訴訟ニ於テ被告ハ犯罪行爲アリシ州及其ノ事件ニツキ管轄權ヲ有スル裁判管轄區內ノ公平ナル陪審官ニ依リ審判ヲ受クル權利ヲ有ス』ト規定シ、其ノ裁判方法ガ十二名ノ陪審官ニ依テ裁判セラル可キコト英國憲法ノ規定ト同一ナリ。蓋シ英、米兩國民ハ陪審制度ニ依テ裁判セラル、ニ於テ始メテ國民ノ權利ハ確保セラル、モノニシテ、陪審制度ハ政府ノ專橫ヲ防衞シ得ル唯一ノ方法ナリト觀念セラレツ、アルモノナリ。現今世界ノ文明國ト目サルヽ國ニ於テハ、英、米ヲ始メ獨、佛其他ノ各國ニ於テモ、民刑裁判ノ全部又ハ一部ニ向テ陪審制度ヲ採用セザル國ナク、獨リ我日本ニ於テノミ之レガ例外ヲ爲スモノナリ。而シテ我國ガ此ノ制度ヲ採用スルノ可否ニツキテハ、目下朝野ノ法曹間ニ相反スル二派ノ議論アルモ、是レヲ論ズルハ本書ノ目的トスル所ニアラザルヲ以テ爰ニハ之レヲ省ク。

中世以前ノ英國ニ於テハ、國民ノ苦痛ヲ芟除スベク請願シタル爲メ罪ニ問ハレタル者少ナカラズ、斯ノ如キハ到底國民ノ福利ヲ增進可スキ途ニアラズ。故ニ大憲章ハ第六十一條ニ於テ『朕又ハ朕ノ官吏ガ如何ナル狀況ニ於ケルト如何ナル人ニ對スルトヲ問ハズ大憲章ニ定メタル義務ニ違反シ平和ヲ破リタル行爲アルトキハ大憲章執行委員中ノ特別委員四名ヨリ其ノ救濟ヲ朕又ハ朕國外ニアルトキハ裁判長官ニ求ムルコトヲ得、而シテ四十日以內ニ朕又ハ朕ノ裁判長官之レガ救濟ヲ與ヘザルトキハ大憲章執行委員二十四名ハ全國ノ民衆ト共ニ百方ノ手段ヲ盡シテ朕ヲ掣肘スルコトヲ得云々』ト規定シ、請願ノ權利ヲ認メタリト雖モ、該大憲章ノ實施ニツキテハ國王ト國民トノ間ニ久シク爭鬪アリテ行ハレズ、殊ニ「チャールス」一世及「ジェームス」一、二世ノ時代ニ於テハ、臣民ニシテ請願スルモノヽ刑罰ニ處セラレタルモノ少ナカラズ、於是カ、名譽革命ノ權利法典(Bill of Right)ニ於テハ『國王ニ請願スルハ臣民ノ權利ナルガ故ニ斯ル請願ヲ爲シタルガ爲メニ人ヲ繫獄シ又ハ處罰スルハ違法ナリ』トノ一項ヲ加ヘ、爾來請願權ハ憲法上臣民公權ノ重要ナルモノヽ一ツトシテ算セラルヽニ至レリ。米國憲法モ其ノ追加條項第一條ノ末段ニ於テ『議會ハ法律ヲ以テ人民ガ其ノ苦痛ヲ政府ニ請願スル權利ヲ制限ス可カラズ』ト規定セリ、是レ米國憲法ガ人民ノ請願權ヲ認メタル規定ナリトス。

参政權ノ沿革

第三欵　參政權

『民ハ依ラシム可シ知ラシム可カラズ』トハ人權思想ノ未ダ發達セザル時代ニ於ケル一種ノ政治ノ權道ナリ。歐洲ニテハ希臘、羅馬ノ時代ニ於テ已ニ人民ニ參政權ヲ許シタル形蹟アリト雖モ、其ノ起原ノ最モ明確ナルハ英國ニ於ケル國會制度ノ發達ニ伴フ庶民ノ參政權ナリトス。那耳曼王朝ノ專制政治ニ對シ、庶民公權ノ伸張ヲ計リシモノガ卽チ千二百十五年ノ大憲章(Magna Charta)ナリトス。爾來英國臣民ノ參政權ハ時ト共ニ益々發達シテ遂ニ其ノ範ヲ萬國ニマデ示スノ程度ニ至レリ。

我國ニ於テハ太古ヨリ大化ノ革新ニ至ル迄ハ、天皇ノ下ニ於ケル官職ハ總テ血統ニ據リ之レヲ世襲スルノ制度ニシテ、血統政治ノ態樣ヲ爲シタルモノナリ。大化ノ革新ニ至リ、舊來ノ血統政治ヲ打破シテ天皇ノ任命セル官吏ヲ以テスル卽チ官僚政治ノ端ヲ開クニ至レリ、然レドモ舊來ノ血統政治ノ因襲ハ容易ニ之レヲ刈除シ得可クモアラズ、其後藤原氏ノ政治ヨリ武家政治ニ至ル迄、表面ハ天皇ノ任命ニ依リ官職ニ就クノ形式ヲ採リシト雖モ、實際ハ血統ニ據テ專ラ任官セラレシニ過ギザルナリ。慶應三年ニ德川氏ガ大政ノ奉還ヲ爲ス迄ハ、政權並ニ兵馬ノ權ハ武士ノ階級ニ屬スル者ノミ之レヲ掌ルコトヲ得ルニ過ギズシテ、一般國民ノ毫モ預ル所ニアラザリキ。明治維新後ハ、最初ハ天皇ノ任命ニ依ル官吏ヲ以テスル卽チ官僚的君主政治タリシト雖モ、西洋文明ノ輸入ト共ニ民權自由說盛ニシテ、遂ニ明治八年ニハ元老院ヲ設ケ、十一年ニハ府縣會規則ヲ發布シ、二十二年ニハ帝國憲法ノ發布アリ、翌二十三年ニハ帝國議會ノ召集アリテ立憲政治ノ實ヲ示シ、以テ明ニ國民ニ政治ニ參與スルノ權利ヲ認許スルニ至レリ。

參政權トハ國民ガ政權ノ運用ニ參與スルノ權利ナリ。國民ヲシテ政權ノ運用ニ參與セシメ、被治者タルト共ニ治者タル關係ニモ在ラシメテ政治上ノ責任ヲ分擔セシムルコトハ立憲政治ノ本領ナリ。憲法上臣民ノ參政權ノ重大ナルモノハ(一)選擧權(二)被選擧權(三)官公吏タルノ權利ナリ。是レ等ノ權利ハ果シテ權利ト謂フコトヲ得ルヤ否ヤニツキテハ學者間議論アル所ニシテ、選擧權ハ一定ノ條件ヲ具フルニ依リテ國家機關(各種議員)ノ設定ニ參與スルノ權利ヲ謂フモノナリト雖モ、被選擧權及官公吏ト爲ルノ權利ハ、自己ヲ議員タラシメヨ又官公吏タラシメヨトノ要求ヲ爲シ得可キニアラズ、法令ニ定メタル一定ノ條件ヲ具フルニ於テハ、議員ニ選擧セラレ又官吏ニ任命セラル、コトヲ得ト謂フニ過ギザルヲ以テ、權利ト謂ハンヨリハ寧ロ資格ナリトス。憲法第十九條ハ『日本臣民ハ法律命令ノ定ムル所ノ資格ニ應ジ均ク文武官ニ任ゼラレ及其他ノ公務ニ就クコトヲ得』ト規定スルモ、是レニ依リテ臣民ハ法律命令ノ定ムル資格アルトキハ官公吏ト爲ル權利アリ

英米ニ於ケル國民ノ參政權

ト謂フ可キニ非ズシテ、唯ダ其ノ資格アルモノハ身分上又ハ宗敎上ノ異同等ニ依リ官公吏タル制限ヲ受クルモノニ非ズトノ趣意ニ解ス可キナリ。然レドモ是レ等ノ權利モ又之レヲ一面ヨリ觀察シテ、國民ガ政治ニ參與スルノ基礎權ナリトハ謂フヲ防ゲザルナリ。

參政權トシテ國民ニ許ス可キ權利ノ範圍ハ、民主國ヲ除キテハ選擧權、被選擧權及官公吏タルノ權利ナルコト各國概ネ其ノ軌ヲ一ニス、唯ダ其ノ異ル所トシテ特ニ注意ス可キ要アルハ、其ノ選擧權ニツキ普通選擧權制ヲ採用スルカ、制限選擧制ヲ採用スルカニアリテ存ス。英國ハ制限選擧制ヲ採用スト雖モ、財產上其他ノ制限ヲ極メテ低級ニ置キ、極端迄デ選擧權ヲ擴張セシヲ以テ殆ド普通選擧ト異ル無キノ狀況ニ在リ。我國ニ於テハ直接國稅年額十圓以上ヲ納ムル者ト爲セシヲ以テ、其ノ制限ノ程度ニ著シキ差異アルコト識ル可キナリ。米國ハ普通選擧制ヲ採用シ、苟モ丁年以上ノ男子タルニ於テハ瘋癲白痴タラザル限リ何人ニテモ選擧權ヲ有スルモノナリ。我國ニ於テモ近來有識者間ニ普通選擧制ヲ採用セントスルノ説ヲ爲スモノ少ナカラズト雖モ、未ダ其域ニ達セズ、然レドモ早晩其ノ時機ニ到ル可キコトハ今ヨリ之レヲ豫想スルニ難カラズ。人アリ普通選擧ハ君主國體ト相容レザルガ如ク主張スルモ、之レ未ダ深ク其ノ理ヲ究メザル説ナリトノ誹ヲ免ルヽモノニアラズ。

第四編　統治ノ機關

第一章　帝國議會

第一節　帝國議會ノ地位

議會ノ國法上ノ地位

立憲政體ノ國ニ於テハ、政府ノ外ニ國民ノ公選ニ因ル國會ノ組織アリテ立法ニ參與シ、行政ノ監督ニ任ズルヲ其ノ本義トス。卽チ立憲政體トハ國會ノ設ケアル政體ニシテ、國會ハ國民ノ公選ニ因リ組織セラル、コトト、立法ニ參與シ行政ノ監督ニ任ズルコトトヲ以テ其ノ特質トス。我憲法ニ於テハ特ニ之レヲ帝國議會ト名稱ス。

國會ハ國民ノ公選ニ因リ組織セラルト雖モ、之レニ對スル思想ハ古來ヨリ多少ノ變遷ナキニ非ズ。英國ヲ始メ其他歐洲各國ニ於テモ中古ハ國會議員ハ各選擧人ノ代表者ナリト思惟セラレ、其ノ人民代理會ト謂ヒ、又代議士ト謂フ如キ皆ナ其ノ時代ノ思想ニ基ク用語ナリ。此ノ時代ニ於テハ議員ノ選擧ハ貴族、僧侶及市民等ト各異リタル階級ニ依リテ行ハレ、又其ノ選ハレタル議員モ自己ノ選擧人ノ意思ニ基キテ行動シ、其ノ委任事項ノ範圍內ニ於テノミ代表權ヲ有スルモノト觀念セラレタリ。然レトモ十八世紀ノ終リヨリ十九世紀ノ始メニ當リ近世國家思想ノ漸ク發達スルニ從ヒ、國會議員ハ君主ニ對スル人民全體ノ代表ナリト思考セラレ、議員ハ單ニ一部階級又ハ一地方ノ選擧人ノ利益ノミヲ計ルベキモノニ非ズシテ、國民全體ノ利益ヲ計ラザル可カラザルモノトセラレタリ。今日ニ於テモ此ノ思想ハ尙ホ殘存シ、歷史上又ハ政治上ノ議論等ニ於テ往々耳ニスルコトアリト雖モ、法律論トシテハ一顧ニダニ値ヒスルモノニ非ズ。若シ夫レ憲法々理ノ上ヨリシテ國會ノ性質ヲ正確ニ論ズルトキハ、國家ノ統治機關ノ一ツナリト謂フ可キナリ。恰モ他ノ一般行政廳及裁判所等ト其ノ機關タル性質ニ

我帝國議會ノ地位

於テ異ル所ナキモノテリ。而シテ其ノ精神ハ國民ノ意思ヲ代表スルニアリト雖モ、其ノ性質ハ立法行爲ニ參與シ及ビ行政ノ監督ニ任ズル一ツノ國家機關タルニ過ギザルナリ。國民ガ國會議員ノ選擧ヲ爲スコトハ、統治機關ノ組織ニ參與スル行爲タルニ過ギズシテ、其ノ選擧セラレタル議員ニ對シ何等ノ要求權ヲ有スルコトナシ。議員ハ亦毫モ國民ノ意向ニ左右セラル、コトナク全ク自己獨立ノ意思ヲ以テ自由ナル行動ヲ爲シ得可キモノナリ。

我帝國議會ノ憲法上ノ地位ハ立法權ニ參與シ行政ノ監督ヲ爲スニアリト雖モ、其ノ權限ハ天皇ノ統治作用ノ內部行爲ニ參與スルニ止マリ、外部タル國民ニ對シテハ直接ニ何等ノ行爲ヲモ爲シ得可キモノニ非ズ、換言スレバ我帝國議會ハ主權者タル天皇ノ一ツ機關ニ過ギザルナリ、英國々會ノ其レノ如ク主權者其ノ者ニハ非ザルナリ。故ニ例ヘバ立法ニ參與スルニ當リテモ英、米ノ國會ノ如ク自ラ法律ヲ作ルニ非ズシテ唯ダ天皇ノ立法行爲ニ贊否ヲ表スルニ過ギザルナリ。又行政ノ監督ヲ爲スト雖モ其ノ權限ハ英、米ノ國會ノ如ク廣大ナラズ。司法權ニ向テハ毫末モ容喙スルヲ許サレアラザルナリ。

國會ノ憲法上ノ地位ハ國體及政體ノ如何ニ由リテ著シキ差異ナキニ非ズ、我國ニ於テハ主權ガ天皇ニ在ル爲メ議會ハ單ニ天皇ノ統治權ヲ行フ機關タルニ過ギズト雖モ、英國ニ於テハ國會自體ガ主權者タル地位ニアルナリ、米國ニ於テハ主權ハ人民ニ在ル故ニ議會ハ一ツノ憲法上ノ機關タルニ過ギズ、其ノ機關タル意味ヨリスレバ我議會ト同一ノモノナリトス。今左ニ英、米兩國ニツキ其ノ概要ヲ述ベン。

英國國會ノ地位

英國ハ立憲君主國ナリト雖モ、國王ハ徒ニ虛名ノ裝飾タルニ過ギズシテ政治ノ中心ハ常ニ國會ニ在リ、故ニ一旦國會ニ於テ可決シタル法律案ハ必ズ國王ニ於テ裁可スヘキコト二百年來憲法上ノ慣例ナリ。此ノ點ヨリシテ國會ハ事實上立法權ヲ有スルモノナリ。英國ノ國會ハ唯ニ事實上立法權ヲ有スルノミナラズ、國務大臣ノ行政行爲ニ對シテハ國會ノミ其ノ責任ヲ問フ可キ權利ヲ有シ、又司法權ニ向テモ國會兩院ヨリ申請スルトキハ裁判官ヲ解職スルコトヲ得ルノ權限ヲ有ス。蓋シ『國會ノ主權』ハ英國不成文憲法ノ大原則ニシテ、我國及ビ米國ノ如ク國會ヲ主權者ノ一機關ナリト爲ストハ大イニ其ノ趣ヲ異ニスルナリ。

米國議會ノ地位

米國ハ民主國ナリ、國會ノ地位ハ憲法ノ明定スル所ニシテ、立法權ハ全部國會ノ掌握スル所ナリ。大統領ニ法案ノ承認權アリト雖モ敢テ拒否權アルコトナシ、國會ニ於テ可決シタル法律案ヲ大統領ガ承認セズ意見ヲ附シテ國會ニ返附スルコトアルモ、更ラニ國會ガ再ビ同一ノ法律案ヲ可決シタルトキハ大統領ノ認否ヲ要セズ當然法律タル效力ヲ發生スルナリ。米國ノ國會ハ立法權ノ全部ヲ有スルノミナラズ、大統領以下司法、行政ニ關スル高官ヲ彈劾スルノ權力ヲ有ス。蓋シ米國憲法ハ三權分立ノ主義ヲ嚴明ニ規定スト雖モ、國會ノ地位ハ比較的他ノ司法行政兩權ノ上ニ在ルモノト識ル可キナリ。

第二節　帝國議會ノ組織

兩院制

國會ノ組織ニハ兩院制ト一院制トノ別アリ、而シテ當今世界ノ各國ヲ通ジテ兩院制ヲ採ルコト之レ普通ニシテ、一院制ノ國ハ單ニ獨逸聯邦中ノ二三國、希臘、「モンテネグロ」、瑞西聯邦中ノ各州、及亞弗利加、中央亞米利加ノ數小國アルニ過ギズ、其ノ國勢ノ稍大ナル國ハ總テ兩院制ナリトス。由來國會ノ制度ハ初メテ英國ニ起リシモノナリト雖モ、英國ニ於テモ初メハ國王ノ政治上ノ協議者トシテ貴族及僧侶ノ一團ノミヲ以テスル集會タルニ過ギズシテ、其ノ後屢々政治上ノ改革アリテ、遂ニ千三百三十三年「エドワード」三世ノ治世ニ到リ、各地方ノ地主ノ代表者、各都市ノ代表者ノ一團ヲ以テモ集會シ政治ヲ論議スルニ到リテ、茲ニ始メテ兩院制ノ端緒ヲ開キ、爾來英國ニ於テハ上院ヲ(House of Lords)貴族院ト謂ヒ、下院ヲ(House of Commons)庶民院ト謂ヒテ今日ニ到リシモノナリ。歐米ノ各大國及我國ニ於テ兩院制ヲ採ルニ至リシハ皆其ノ範ヲ英國ニ倣ヒシモノナリ。

兩院制ノ長短

兩院制度ヲ採ルコトハ歷史的理由ニ基クコト少ナカラズト雖モ、又他方ニ於テハ實際上ノ長所ノ捨テ難キモノアルニ起因セズンバアラズ。蓋シ一院制ナラムカ、多數黨ハ多數決ヲ以テ徒ニ其ノ横暴ヲ逞シ、或ハ輕卒ニ失シ、或ハ過激ニ走リ國政ヲシテ甚ダシキ危險ニ陷ル、ノ恐ナキニ非ズ、於是カ他ノ一院ニ於テ公平ナル態度ヲ以テ之レヲ牽制シ、又ハ愼重ナル決議ヲ爲スコトハ最モ必要ナルコトニ屬ス。斯ク兩院制ハ互ニ其ノ缺點ヲ緩和シ得ルニ於テ長所ヲ有スト雖モ、他方ニ於テ兩院ハ各獨立ナルヲ以テ、互ニ其ノ意見ヲ異ニシ別々ノ決議ヲ爲シ堅ク採テ相讓ラザルトキハ、國會ノ決議ハ何時迄モ成立スルコト能ハズ、徒ニ國政ノ圓滿ヲ缺テ國利民福ヲ毀損スルノ恐ナキニ非ズ。然レドモ事物ニ一利一害ノ伴フハ之レ常態ニシテ、兩院制ハ一院制ニ比シ實際上ノ利便遙ニ優ルヲ以テ、今日ニ於テハ世界ヲ通ジテ最モ廣ク行ハレツ、アルコト已ニ述ベタルガ如シ。

英國ニ於テハ千九百十一年上院ノ權限ヲ制限スル憲法上ノ大改革アリテ、其ノ定ムル所ニ依レバ(一)財政法案ニツキテハ上院ハ下院ノ可決シタル法案ヲ否決スルコトヲ得ズ、(二)一般ノ法律案ニツキテモ下院ニ於テ同一ノ法案ヲ三回マデ可決シタルトキニ、上院ガ二箇年内ニ二回程否決シタルトキハ、第三回目ノ下院ノ決議ハ上院ノ決議ヲ俟タズシテ當然法律タル效力ヲ生ズルモノトセリ。英國ニ於ケル兩院制度ノ精神ハ此ノ點ニ於テ著シク破壞セラレタルモノト謂フ可キナリ。

今我帝國議會竝ニ英、米兩國々會ノ組織ニツキ其ノ大綱ヲ示サンニ、

第一、　日本帝國議會ノ組織

貴族院及衆議院ノ兩院ヨリ成立ス。

一、貴族院ノ組織

貴族院ハ貴族院令ノ定ムル所ニ依リ皇族華族及勅任セラレタル議員ヲ以テ組織ス。而シテ其ノ資格ノ詳細ハ

(イ)皇族。成年ニ達シタル皇族男子ハ勅命ヲ待タズシテ當然議員ト爲ル、而シテ皇族中皇太子及皇太孫ハ滿十八歳、其他ノ皇族ハ滿二十歳ヲ以テ成年トス。

(ロ)公、侯爵ヲ有スル者。滿二十五歳ニ達シタル公、侯爵男子モ勅命ヲ待タズシテ當然議員ト爲ル。

(ハ)伯、子、男爵ヲ有シ其ノ同爵中ヨリ選擧セラレタル者。是レ等ノ爵ヲ有スル者ニシテ滿二十五歳ニ達シ、同爵中ヨリ選擧セラレタルモノハ勅命ヲ待タズシテ議員ト爲ル。而シテ右ノ議員ハ其ノ數ヲ通ジテ百四十三人ヲ超ルヲ得ズ、又其ノ數ハ伯、子、男爵

各々其ノ總數ニ比例シテ定ムルモ、各爵共其ノ總數ノ五分ノ一ヲ超ルヲ得ズ。

（ニ）國家ニ勳功アリ又ハ學識アリ滿三十歲以上ノ男子ニシテ勅任セラレタル者。但シ其ノ數ハ百二十五人ヲ超ユルヲ得ズ。

（ホ）多額納稅者。各府縣ニ於ケル滿三十歲以上ノ男子ニシテ、土地又ハ商工業ニ付キ多額ノ國稅ヲ納ムル者十五人ノ中ヨリ一人ヲ互選シ、其ノ選ニ當リタルモノハ勅任セラルヽニ因リテ議員ト爲ル。

以上ノ各議員ノ年限ハ之レヲ三種ニ分ツテ見ルコトヲ得、（一）ハ世襲ニシテ皇族及公侯爵ヲ有スル者、（二）ハ終身ニシテ國家ニ勳功アリ又ハ學識アルニ因リ勅任セラレタル者、（三）ハ七ヶ年ノ年限ニシテ伯子男爵議員及多額納稅議員トス。

二、衆議院ノ組織

衆議院ハ一定ノ資格ヲ有スル國民ヨリ選擧セラレタル議員ヲ以テ組織ス、議員ノ年限ハ四ヶ年ニシテ、現在議員ノ數ハ三百八十二人ナリ。

〔イ〕被選擧資格、

一、男子タルコト

二、日本臣民タルコト

三、年齡三十歲ニ達シタルコト

被選擧資格ニハ財產上ノ制限アルコトナシ。

〔ロ〕選擧資格、

一、男子タルコト

二、日本臣民タルコト

三、年齡滿二十五歲以上ナルコト

四、選擧人名簿調製ノ期日前滿一ヶ年以上其ノ選擧區內ニ住所

ヲ有シ、尙引續キ有スル者

五、選擧人名簿調製ノ期日前滿一ヶ年以上地租十圓以上、又ハ滿二年以上地租以外ノ直接國稅十圓以上、若クハ地租ト其他ノ直接國稅トヲ通ジテ十圓以上ヲ納メ、尙引續キ納ムル者、家督相續ニ依リ財產ヲ取得シタル者ハ其ノ財產ニ附キ被相續人ノ爲シタル納稅ヲ以テ其ノ者ノ納稅シタルモノト見做ス。

選擧方法ハ大選擧區制ヲ採リ、各府縣中人口二萬五千以上ヲ有スル市ヲ獨立選擧區ト爲シテ一人ノ議員ヲ選出セシメ、其ノ以下ノ市ハ之レヲ郡部ニ編入シテ選擧區ヲ定メ、市部ニ於テハ人口凡ソ十萬人ニ對シ一人ノ議員、郡部ニ於テハ凡ソ十五萬人ニ對シ一人ノ議員ヲ配當セリ。而シテ一選擧人ハ匿名ヲ以テ一候補者ノミニ投票シ得ルニ過ギザルヲ以テ、單記無記名ノ投票制ナリトス。

第二、英國々會(The Parliament)ノ組織

英國ノ上院ハ貴族院(House of Lords)下院ハ庶民院(House of Commons)ト稱ス。

一、貴族院(House of Lords)ノ組織

英國ノ貴族院ハ左ノ議員ヲ以テ組織セラル、

(イ)合併王國ノ世襲貴族。貴族タル身分ニ因リ世襲的ニ當然議員タルモノニシテ、被相續人ノ死去ノ時ニ相續人滿二十一歲ニ達シタルトキハ直ニ議員ト爲ルナリ。而シテ公爵議員二十五人、侯爵議員二十二人、伯爵議員百二十三人、子爵議員二十七人、男爵議員三百八人ナリ。

(ロ)愛蘭選出貴族。愛蘭ノ貴族團體ヨリ互選セラル、モノニシテ、其ノ數二十八人終身議員ナリ。

(ハ)蘇格蘭選出貴族。蘇格蘭ノ貴族團體ヨリ選出セラル、モノニシテ、其ノ數十六人、單ニ一期間ノ議員ニシテ其ノ國會ノ終了ト

共ニ資格ヲ喪フ。

(ニ)僧侶貴族(アーチビショップ)。世襲貴族ニ非ズシテ其ノ教職ニ在ルニ依テ貴族院議員タルモノナリ、其ノ數二十六人、內「カンタベリー」及「ヨーク」ノ二大僧正、「ロンドン」「ターハム」及「ウインチエスター」ノ三僧正ハ其ノ教職ニ任命セラルヽト共ニ當然議員ト爲リ、他ノ二十一人ハ上司ヨリ任命セラルヽニ依テ議員ト爲ル。

(ホ)法務貴族(ロードオフアッピール)。國王ノ任命ニ依テ終身議員タルモノニシテ其ノ數四人、而シテ其レガ任命ヲ受クルニハ少クトモ二年間高等司法官ノ職ニ在リタルカ、又ハ十五年間辯護士トシテ法律事務ニ從事シタルコトヲ要ス、法務議員ハ男爵ノ稱號ヲ有スルモノナリト雖モ、一代貴族ニシテ子孫ニ遺傳スルヲ得ズ。

英國ノ貴族院議員ハ慣習上、定式ノ宣誓ヲ爲スニアラザレバ議員タル資格アルモ議場ニ出席スルヲ得ザルナリ。

二、庶民院(House of Commons)ノ組織

英國ノ下院ハ之レヲ庶民院ト謂ヒ、庶民院ハ一定ノ資格ヲ有スル人民ヨリ選擧セラレタル議員ヲ以テ組織ス、議員ノ年限ハ七ケ年ニシテ、現在議員ノ數ハ六百八十七人ナリ。

(イ)被選擧資格

一、男子タルコト

二、滿二十一歳ニ達シタルコト

三、英國臣民タルコト

被選擧資格ハ財産上ノ制限アルコトナシ。

(ロ)選擧資格

一、男子タルコト

二、滿二十一歳ニ達シタルコト

三、英國臣民タルコト

四、財産上或ル要件ヲ充タスコト

此ノ財産上ノ制限ハ極メテ低級ニシテ、其ノ規定モ數百年間ノ慣習ヨリ來リシモノナルヲ以テ頗ル複雜ニシテ、一々明確ニ之レヲ表示スルハ難事ニ屬ス、故ニ茲ニハ參考トシテ最モ低キ制限ト看ラル丶一二ヲ擧グルニ止メントス、即チ(一)何等不動產ヲ所有セズト雖モ每年十磅以上ノ價格アル土地及家屋ノ占有者、(二)租稅ヲ拂フ可キ住宅ノ所有者及借用者、或ハ官公職ニ從事スル爲メ居住スル者、其他同級類似ノ規定複雜ニ存在スト雖モ殆ド無制限ニ近ク、普通選擧制ト殆ド選ブ所ナキナリ。

英國ノ選擧ニ於テ異例ヲ爲シアルハ大學校選擧區ナリ、オクスフオールド」大學、「ケンブリッヂ」大學其他ノ四大學ハ各獨立セル選擧區ヲ爲シ、各一人又ハ二人ノ議員ヲ選出ス、而シテ其ノ選擧人ハ各其ノ大學ノ卒業生ナリトス。

選擧方法ハ小選擧區制ニシテ人口一萬五千以上ノ都市(ボロー)ハ獨立セシメ、五萬ヲ加フル毎ニ一人ヲ增加スルコト、セリ、府縣(カウンチー)ニ於テハ人口凡ソ五萬四千人ニ對シテ一人ヲ選出セシムルノ標準ナリ。英國ニテハ一人一票主義ヲ採ラザルヲ以テ、數選擧區ニ財產ヲ有スルモノハ一人ニシテ數個ノ投票權ヲ有ス、蓋シ其ノ可否ニツキテハ今日同國政治社會ニ於テ盛ニ論議セラレツヽアル所ナリ。庶民院議員モ定式ニ從ヒ宣誓ヲ爲スニ非ザレバ議席ニ列ルヲ得ザルコト貴族院議員ト同一ナリ。

第三、米國議會(The Congress)ノ組織

米國ノ上院ハ元老院(The Senate)下院ハ代議院(House of Representatives)ト稱ス。

一、元老院(The Senate)ノ組織

米國憲法第一章第三條ハ

『合衆國元老院ハ各州ノ立法部ニ依リ選擧セラレタル二名ノ元老院議員ヨリ成ル、元老院議員ノ任期ハ六ケ年トス』

ト規定セリ。議員ノ任期ハ六ケ年ナリト雖モ其ノ二分ノ一宛ハ二年毎ニ之レヲ改選シ行クナリ。而シテ議員ト爲ル資格ハ同條第二項ノ規定スル所ニシテ左ノ如シ

一、年齡三十歲以上ナルコト

二、九ケ年以上合衆國ノ市民タリシコト

三、選出セラルヽ州ノ住民タルコト

合衆國ハ四十五州ヨリ成立スルヲ以テ其ノ議員ノ數ハ九十名ナリ。各州ハ其ノ區域ノ廣狹及ビ人口ノ如何ニ關セズ均シク二名宛ノ議員ヲ選出スルコトヲ得、故ニ「ニユヨーク」州ノ如キ八百萬ノ人口ヲ有スル所モ、又「ネヴアタ」州ノ如キ僅ニ五萬ノ人口ニ過ギザル所モ此ノ點ニ於テハ同一ナリ。蓋シ憲法ノ精神トスル所ハ、元

老院議員ヲ人民ノ代表者トセズシテ各州ノ代表者タラシメ、以テ各州ノ同盟主義ヲ完フセシメントスルニアリ、卽チ一方ニ於テハ大州ガ小州ヲ壓制スルコトヲ防止シ、他方ニ於テハ各州ノ立法機關ト合衆國ノ立法機關トノ連鎖ヲ採ラシメントスルニ出シモノナリ。

元老院議員ハ各州ノ立法部(Convention of States)ヨリ選擧セラル、コト憲法ノ規定スル所ナリト雖モ、今日ノ實際ニ於テハ、議員ノ選擧前ニ各政黨トモ人民直接ニ豫選會ヲ開キテ候補者ヲ定メ、州立法部議員ハ自己ノ屬スル政黨ニ於テ定メタル候補者ニ向テ投票スル慣習ナルヲ以テ、憲法ノ規定ハ形式タルニ止マリ、實際上ハ各州人民直接ニ元老院議員ヲ選擧スルト毫モ異ル所ナキナリ。

二、代議院(House of Representatives)ノ組織

米國憲法第一章第二條ハ

『代議院ハ二年毎ニ各州ノ人民ヨリ選擧セラル、議員ヲ以テ成ル云々』

ト規定セリ、議員ノ年限ハ二箇年ニシテ、世界各國ノ議員年限中最モ短キモノナリ。

（イ）被選擧資格

一、年齢二十五歳以上タルコト

二、七箇年以上合衆國市民タリシコト

三、選擧セラル、州ノ住民タルコト

憲法上ニ於テハ兩院ノ議員ハ男子タルコトヲ要スル旨ノ別段ノ規定ナシト雖モ、事實上當然ノ事ニ屬スルヲ以テ省略シタルニ過ギズ。

（ロ）選擧資格

米國憲法ニ於テハ左ノ二事項ヲ除ク外、選擧人ノ資格ニ關スル規定ハ總テ之レヲ各州ノ立法ニ委ネタリ。

一、憲法第一章第二條中

『各州ニ於ケル選擧人ハ其ノ州ノ立法部中議員ノ數ノ多キ議院ノ議員ヲ選擧スル資格アルヲ要ス』

卽チ州ノ上下兩院中議員ノ數ノ多キ方ノ議員選擧權アル者ヲ以テ合衆國代議院議員ノ選擧權アルモノトスル旨ノ規定ナリ。

二、憲法追加條項第十五條ハ

『合衆國市民ノ選擧權ハ人種、皮膚ノ色合又ハ從來從事シタル勞働ノ種類ニ依リテ合衆國又ハ州政府ノ爲ニ之レヲ拒絕セラレ又ハ縮少セラルヽコトナシ』

各州ハ自由ニ選擧人ノ資格ヲ定ムルコトヲ得ルト雖モ、右二事項ハ合衆國憲法ノ明定スル所ナルヲ以テ、之レニ違反スル法則ヲ定ムルコトヲ得ズ。而シテ選擧資格ハ各州ニ依リ多少ノ差異アリト雖モ、凡ソ左ノ標準ヲ出ヅルモノニ非ズ。

一、丁年以上ノ男子ナルコト

二、財産上ノ制限ナキコト

三、或ル種ノ犯罪人ヲ除クコト

即チ普通選擧制ナリ。而シテ議員ノ數ハ人口十九萬人ニ對シテ一人ヲ選出セシムル方法ニシテ、概シテ一選擧區ヨリ一人ヲ出サシムル小選擧區制ナリトス。

米國ニ於テハ各州中女子ニ選擧權ヲ與ヘタルモノアリ、即チ「コロラド」州、「アイダホ」州、「ウター」州、「ヨーミング」州是レナリ。「アイダホ」及「ウター」ハ憲法ヲ以テ規定シ、「コロラド」及「ヨーミング」ハ法律ヲ以テ規定ス、而シテ近來女子參政權運動ノ盛ナル爲メ千九百二年ニ「マッサチユーセッツ」州及「アイオワ」州ニ於テ女子選擧權

法案ガ顯ハレシ以來、數州ニ於テ屢々之レヲ提案セラルヽコト
アルモ、一、二ノ州ヲ除ク外常ニ否決セラレツヽアリ。
以上三ヶ國ノ國會組織ニツキ其ノ大要ヲ比較スルニ、上下兩院ノ議員ヲ一人ニテ兼ヌルコト能ハザルハ各國同一ナリ。而シテ官吏ト議員トノ關係ニツキテハ、英國ハ政務官ト事務官トヲ嚴格ニ區別シテ議員ハ事務官ヲ兼ヌルコトヲ得ズ。又法律ノ規定ヨリスレバ議員ハ政務官ト事務官トヲ問ハズ一旦官吏ニ任命セラレタルトキハ當然議員タル資格ヲ喪フト雖モ、政務官ノ場合ニハ直ニ補缺選擧ヲ行ヒ新シク議員ニ選バレ政務官ト議員トヲ兼ヌルコトガ從來ノ慣例ナリ。米國ニテハ議員ガ官吏ヲ兼ヌルコトハ絕對ニ之レヲ禁止シ。我國ニ於テハ或ル種類ノ官吏ハ職務ヲ行フニ妨ゲナキ限リ議員ヲ兼ヌルコトヲ得ルモノトセリ。次ニ選擧人ノ資格ニツキ、米國ニ於テハ或ル州ガ女子ニ選擧權ヲ許スモ、我國及英國ニテハ之レヲ許サズ。又米國ハ普通

選擧制ヲ採用スルモ、我國及英國ハ制限選擧制ナリ、而シテ英、米兩國ハ小選擧區制ニシテ我國ハ大選擧區制ナリ。米國及ビ我國ハ一人一票主義ナリト雖モ、英國ニ於テハ一人ニテモ數選擧區ニ渉リテ財產ヲ有スル時ハ、各選擧區ニ於テ投票權ヲ有スルナリ。

第三節　帝國議會ノ權限

議會ノ權限ノ範圍

帝國議會ハ憲法上ニ於ケル統治機關ノ一ツナリ、故ニ其ノ權限ノ範圍モ憲法ノ規定ニ依リテノミ定マルモノトス。憲法上議會ノ有スル權限ハ立法ニ參與シ及行政ノ監督ニ任ズルニアリト雖モ、之レヲ大別スレバ(一)立法ニ參與スル權限、(二)財政ニ參與シ及之レヲ監督スル權限、(三)形式的諸種ノ權限ト爲スコトヲ得。而シテ我國議會ハ英、米ノ國會ノ如ク政府ヲ彈劾スル憲法上ノ權限ヲ有スルモノニ非ズ、其ノ常ニ我議會ニ於テ行ハルヽ彈劾上奏、彈劾決議等ハ憲法上ノ意味ニ於テハ單ニ上奏又ハ決議等ノ形式的權限ニノミ因ルニ過ギザルヲ以テ、政治上ノ意味ハ有スルモ法律上何等ノ效力アルモノニ非ザルナリ。

第一、立法ニ參與スル權限

憲法第五條ハ『天皇ハ帝國議會ノ協贊ヲ經テ立法權ヲ行フ』ト規定シ、又同第三十七條ハ『凡ソ法律ハ帝國議會ノ協贊ヲ經ルヲ要ス』ト規定セリ。卽チ立法權ハ天皇ニ屬スト雖モ、天皇ハ帝國議會ノ協贊ヲ經ルニアラザレバ之レヲ行フコトヲ得ズ。英、米憲法ノ夫レノ如ク立法權ノ國會ニ屬スル主義ハ我憲法ノ採ラザル所ナリ。憲法上單ニ立法權ト稱スル時ハ法律ヲ作ル一切ノ場合ヲ謂フト雖モ、爰ニ特ニ注意シ置ク要アルハ、法律ナル語ニハ廣狹二樣ノ意義アリテ、狹義ノ法律ヲ作ルニハ議會ノ協贊ヲ經ルヲ要スルモ、廣義ノ法律タル勅令其他ノ命令ヲ作ル場合ニハ之レヲ要セザルコト是レナリ。而シテ狹義ノ法律トハ學者ノ所謂形式的法律ト稱スルモノニシテ、憲法第二章臣民ノ權利義務ニ關スル規定中『法律ノ定ムル所』又ハ『法律ニ依リ』云々トアル其ノ法律ナルモノハ總テ之レニ屬ス。次ニ廣義ノ法律トハ右ニ述ベタル形式的法律以外ニ、尙ホ憲法第八條ニ依リ議會ノ協贊ヲ經ズシテ天皇ノ發スル緊急勅令、又ハ同第九條ニ依ル勅令其他ノ命令ヲモ包含ス。然レドモ憲法上天皇ガ立法權ヲ行フニハ議會ノ協贊ヲ經ルヲ原則トシ、議會ノ協贊ヲ要セザル勅令其他ノ命令ヲ以テ爲スハ例外ノコトナリト識ル可シ。

法律ノ成立スル順序ハ第一ニ法律案ノ提出アルコトヲ要ス、憲法第三十八條ハ『兩議院ハ政府ノ提出スル法律案ヲ議決シ及各法律案ヲ提出スルコトヲ得』ト規定シテ、政府ヨリハ勿論貴衆兩議院ヨリモ提出權アルモノトセリ。第二ニハ議會ノ決議アルヲ要ス、卽チ法律案ハ兩議院ノ決議ノ一致スルニ於テ始メテ可決スルモノナリ、而シテ兩院中ノ一院ニ於テ否決シタル場合ハ同一會期中ニ再ビ之レヲ提出スルコトヲ得ザルナリ。第三ニハ天皇ノ裁可アルヲ要ス、議會ノ可決アリタル場合ハ内閣總理大臣ヨリ之レヲ天皇ニ上奏シテ裁可ヲ仰グナリ。立法權ハ天皇ノ大權ニ屬ス、故ニ議會ノ決議アルモ天皇ハ必ズ之レヲ裁可セザル可カラザルモノニ非ズ、之レヲ裁可スルト否トハ全ク御任意ノコトナリ、然レドモ憲法實施以來兩議院ニ於テ決議シタル法律案ヲ不裁可ニ終ラシメタルコトハ未ダ一回モ實例トシテ存セズ、蓋シ是レ民意ヲ重ゼラル、御仁政ノ致ストコロナリ。第四ニ公布アルコトヲ要ス、法律ハ天皇ノ裁可ニ依リテ成立ス、然レドモ之レヲ公布スルニアラザレバ臣民ヲシテ服從セシムルノ效力ナキナリ、而シテ法律ノ公布ハ必ズ官報ヲ以テ爲ス可キモノナリ。

財政ニ參與シ及之レヲ監督スル權限

第二、財政ニ參與シ及之レヲ監督スル權限

憲法第六十四條ハ『國家ノ歳出歳入ハ毎年豫算ヲ以テ帝國議會ノ協

贊ヲ經ヘシ』ト規定セリ、豫算トハ國家ノ會計ニツキ其ノ收入支出ヲ豫メ見積リテ定メタルモノヲ謂フ、而シテ毎年ノ豫算ハ帝國議會ノ協贊ヲ經可キコト之レ憲法ノ規定ナリ。新ニ租税ヲ課シ及ビ税率ヲ變更スルニハ必ズ法律ヲ以テ之レヲ定ム可キナリト雖モ、國債ヲ起シ及豫算外ニ國庫ノ負擔ト爲ル可キ契約ヲ爲スニモ又議會ノ協贊ヲ經ザル可カラズ。豫算ニツキ議會ノ協贊ヲ要スルモノトセシハ、中世以後ノ歐羅巴ニ於テ國王ガ租税ヲ徵スルニハ必ズ國民ノ代表者タル國會ノ承諾ヲ經ザル可カラザルノ古キ沿革的精神ヨリ胚胎ス。我憲法ニテハ豫算トシテ議會ノ協贊ヲ要ス可キ範圍ハ、財政的立法事項ヲ除キタル國家ノ支出ニ關スルモノヲ以テ主要トス。而シテ已ニ定マリタル豫算ノ款項ヲ超過シ又ハ豫算外ノ支出ヲ生ジタルトキハ後日國會ノ承諾ヲ求ム可キナリ。豫算ハ議會ノ協贊ヲ經ルヲ原則トスルモ、『公共ノ安全ヲ保持スル爲メ緊急ノ需用アル場合ニ於テ內外ノ情形ニ因リ政府ハ帝國議會ヲ召集スルコト能ハザルトキハ勅令ニ依リ財政上必要ノ處分ヲ爲スコトヲ得』之レ憲法第七十條ノ規定スル所ニシテ一ツノ例外ヲ爲スモノナリ、卽チ戰爭ノ際臨時ニ公債ヲ起スニアラザレバ國家ノ危急ヲ救フ能ハザル場合ノ如キヲ謂フナリ。議會ニ於テ豫算ヲ議定セズ又ハ豫算不成立ニ終リタル場合ニハ政府ハ前年度ノ豫算ヲ施行スルモノトス。議會ハ又豫算ニ協贊權アルノミナラズ、已ニ豫算ニ基キ政府ノ爲シタル收入支出ニツキ其ノ決算ノ監督ヲモ爲ス權限ヲ有ス、憲法第七十二條ニ『國家ノ歲出歲入ノ決算ハ會計檢査院之レヲ檢査確定シ政府ハ其ノ檢査報告ト俱ニ之レヲ帝國議會ニ提出スヘシ』ト規定セルハ此ノ事ニシテ、蓋シ議會ノ財政參與權ヲ充分ニ働カシメント期シタルモノナリ。終ニ一言ス可キハ豫算ニツキテハ衆議院ニ先議權アルコト是レナリトス。

第三、　形式的權限

議會ハ立法ニ參與スルノミナラズ行政ノ監督ヲ爲ス權限ヲ有ス、而シテ此ノ行政ノ監督權ハ上奏權、建議權、質問權、請願受理權及特別ノ決議權等ノ形式ヲ以テ表ハル、モノトス、故ニ學者ハ之レヲ稱シテ議會ノ形式的權限ト謂フ。是レ等ノ權限ハ立法及豫算ニ協贊スル場合ト異リ兩院ノ一致セル決議アルヲ要セズ、各院獨立シテ之レヲ爲スコトヲ得ルナリ。

〔一〕上奏權、　憲法第四十九條ハ『兩議院ハ各々天皇ニ上奏スルコトヲ得』ト規定セリ、上奏ハ議院ヨリ直接ニ天皇ニ奉呈スルモノニシテ、儀禮ニ關スル場合ト政治上ノ場合トノ二アリ。儀禮ニ關スル場合ハ勅語ニ對スル奉答又ハ賀表ヲ呈スル等ナリト雖モ、政治上ノ場合ニハ國務大臣ヲ彈劾シ又ハ其ノ失政ヲ奏聞スル等ヲ包含ス、然レドモ國政ニ關シ直接聖聽ヲ煩シ奉ル如キハ最モ謹マザル可カラザルコトナルヲ以テ、政治上ノ上奏ハ濫リニ爲ス可キモノニ非ズ。已ニ上奏アルモ之レヲ御嘉納セラル、ト否トハ全ク天皇ノ御自由ニ屬スル所ナリ。

（二）建議權、憲法第四十條ハ『兩議院ハ法律又ハ其他ノ事件ニツキ各其ノ意見ヲ政府ニ建議スルコトヲ得、但シ其ノ採納ヲ得ザルモノハ同會期中ニ於テ再ビ建議スルコトヲ得ズ』ト規定セリ、卽チ建議ハ內閣ニ對シテ爲スモノニシテ上奏ノ如ク天皇ニ對シテ爲スモノニ非ズ、又其ノ內容ハ內閣ノ權限ニ屬スル事項ニツキテハ何事ニ對シテモ建議スルコトヲ得ルモノニシテ毫モ制限アルコトナシ。

（三）質問權、質問權ニツキテハ憲法上別ニ明文ナシト雖モ、其ノ精神解釋上之レアルコトヲ認ムルニ充分ナリ、殊ニ議院法ニハ其ノ第四十八條乃至第五十條ニ於テ明ニ之レヲ規定セリ。質問ハ政府ニ對シテ爲スモノナリト雖モ、議院ノ決議ヲ以テ爲スニ非ズ、議員各自ガ三十人以上ノ議員ノ贊成ヲ得テ之レヲ爲スモノナリ。而シテ其ノ目的トスル所ハ國務大臣ノ責任ヲ問フニアリ、國務大臣ハ質問ヲ受ケタルトキハ必ズ議會ニ向テ答辯セザル可カラザルモノニシテ之レヲ拒ムコトヲ得ザルナリ。

〔四〕請願受理ノ權、　憲法第五十條ハ『兩議院ハ臣民ヨリ呈出スル請願書ヲ受クルコトヲ得』ト規定セリ、卽チ兩議院ハ請願ヲ受領シテ之レヲ自己ノ權限內ニ於テ採否何レトモ任意ノ所置ヲ爲スコトヲ得ルナリ。或ハ之レヲ法律案トシテ提出シ、或ハ請願ノ趣旨ヲ採テ自己ノ名ニ依リ上奏又ハ建議ヲ爲シ、又ハ請願書ニ意見ヲ附シタル上參考トシテ政府ニ送附スルコトヲモ得。

〔五〕特別ノ決議權、　兩議院ハ其ノ意見ヲ發表スル爲メニ種々ノ決議ヲ爲スコトヲ得、例ヘバ政府ノ或ル行爲ヲ違法又ハ不當ト認ムルコトヲ決議シ、或ハ國務大臣ヲ信任セザル決議ヲ爲ス如キ是レナリ。而シテ此ノ特別決議權ニツキテハ憲法上ニモ又議院法中ニテ何等ノ規定ナシト雖モ、議會ガ行政ノ監督ヲ爲ス權限ヲ有スルヨリ生ズル當然ノ結果ナリトス。

其外兩議院共議院内部ノ事項ニ關スル議事規則、傍聽人取締規則、議員ノ資格審査權、及議員ノ懲罰、請暇、辭職許可ノ權等アリト雖モ重要ナラザルヲ以テ之レヲ省ク。殊ニ貴族院ニハ又貴族院令ノ改正、華族ノ特權ニ關スル條規ノ決議權等アリト雖モ是レ又之レヲ省略ス。

英國々會ノ權限

英國ノ國會ハ此國ノ歷史上自然ニ發達シタルモノニシテ、敢テ憲法ニ依リ創設セラレタリト謂フコトヲ得ズ、否、寧ロ憲法ハ常ニ國會ノ立法權ニ依リテ自由ニ改廢變更セラルヽ狀態ニ在リ。已ニ述ベタルガ如ク英國憲法ハ不文法ニシテ、普通法律ト憲法トノ間ニ何等制定上ノ區別アルコトナシ、故ニ國會ハ普通法律ヲ改廢變更シ得ルト均シク憲法ニツキテモ又同一ノ權力ヲ有ス。英國ノ國會ハ又皇位確定法（Act of Settlement)ヲモ改廢スルコトヲ得ルヲ以テ、是レ等ノ點ヨリシテ英國ノ國會ハ國王ト共ニ主權ノ掌握者ナリト謂フ可キナリ。

英國ノ國會ハ立法權ヲ有ス、國王ハ國會ニ於テ決議シタル法律案ニツキ裁可ヲ拒否スル權ヲ有スレドモ、已ニ千七百七年女王「アン」以來二百餘年間一回モ裁可ヲ拒否シタルコト無ク、今日ニ於テハ最早國會ニ於テ決議シタル法律案ハ必ズ裁可アル可キ慣例ト爲リ、立法權ノ實體ハ全然國會ノ掌握スル所トナレリ。尤モ立法權ハ國會ニ在ルモ、國會ヲ召集シ、開會、閉會、解散スル等ノ權力ハ國王ノ有スル所ナルヲ以テ、英國ノ主權ハ國王ト國會トニ在リトノ意ヲ表ハサンガ爲メニ、同國ノ憲法學者中『國會ニ於ケル國王』(The Crown in Parliament)ト稱シ、國會ナル文字中ニハ上下兩院及國王ノ三者ヲ包含スト解釋スル者アルモ(「エー、ヴイ、ダイシー」ノ如キ)全ク無益ノ事ナリトス。

英國ニテハ會計案ニツキテハ庶民院ト貴族院ト全然其ノ權限ヲ異

ニス、總テ政費ニ關スル要求ハ政府ヨリ之レヲ庶民院ニ致シ、庶民院ハ之レヲ審査シ諸否ヲ決ス、而シテ貴族院ハ庶民院ノ許諾シタル決議ニ對シ同意ノ決議ヲ爲シ得ルニ過キズシテ毫モ修正權ヲ有スルコトナシ。單ニ會計案ニツキテノミナラズ、政府ヨリ議會ニ提出スル議案ノ重要ナルモノハ先ツ庶民院ニ於テ之レヲ議シ、而シテ後ニ貴族院ニ移スヲ英國舊來ノ慣例トス。

英國ノ國務大臣ハ國會ニ對シテ政治上ノ責任ヲ有ス、故ニ庶民院ハ國務大臣其他ノ大官ノ不正行爲ニ向テ彈劾權ヲ有ス、彈劾ハ庶民院ニ依テ行ハレ貴族院ハ其ノ裁判所ナリ、而シテ先ヅ庶民院ニ於テ彈劾ノ決議ヲ爲シタルトキハ委員會ニ於テ彈劾狀ヲ作リテ之レヲ貴族院ニ提出ス、貴族院ニ於テハ被告人貴族ナルトキハ貴族審判長(Lord High Steward)又被告人庶民ナルトキハ大法官(Lord High Chancellor)ヲ以テ裁判長ト爲シ其ノ事件ノ裁判ヲ爲ス、而シテ已ニ有罪ト決定スルモ、之レヲ庶民院ニ通牒シテ庶民院議長ノ要求アルニアラザレバ判決ヲ宣告スルコト能ハザルナリ。庶民院ノ彈劾權ハ千八百五年ニ海軍卿「ダンダス」ニ對シ行ハレタルヲ最後トシ、今日ニ於テハ最早事實上廢絶ニ歸シタルガ如シ。

英國ノ國會ハ又或種ノ司法權ヲ有ス、勿論原則トシテ司法權ハ裁判所ニ於テ行ハルト雖モ、特種ノ事件ニツキテハ歷史的關係上貴族院ニ於テ裁判權ヲ有スル規定ナリ。卽チ(一)貴族ニシテ叛逆罪、重罪及其ノ陰匿罪ヲ犯シ、國會開會中ニ起訴セラレタルトキハ貴族院ガ刑事裁判所ト爲リ、國王ヨリ臨時ニ任命セラレタル貴族審判長(Lord High Steward)主宰官ト爲リテ審判ヲ爲スナリ。若シ國會閉會中ナラムカ前記ノ犯罪ト雖モ、貴族審判院(The Conrt of Lord High Steward)ニ於テ裁判スルモノトス。(二)最終控訴院法廷トシテ貴族院ハ(イ)英蘭ニ於ケル國王ノ控訴院ノ判決(ロ)蘇格蘭及愛蘭ニ於ケル法廷ノ或種ノ判決ニツキ、請願ノ手續ニヨリ控訴ノ提起アリタルトキハ裁判權ヲ有ス、此ノ場合ニ貴族院ガ裁判ノ決議ヲ爲スニハ法務貴族三名ノ出席アルニアラザレバ能ハザル制限アリ(三)英國々會ハ又其ノ貴族院ト庶民院トヲ通ジテ議院ヲ侮辱シタル者ヲ自ラ逮捕シ、審判シ、及刑罰ニ處スルノ權限ヲ有ス。

英國ノ主權ハ國王ト國會トニ在リト雖モ、其ノ實國會ノ權力ハ國王ノ權力ヨリモ優越シ、又國會ハ貴族院ト庶民院ヨリ成立スルモ、庶民院ノ權力ハ遙ニ貴族院ノ上ニ在リ。殊ニ注意ス可キハ英國ノ國會ハ事實上ノ主權掌握者ナルヲ以テ、國政ニ關スル一般ノ事項ニツキ何事モ爲シ得ザルモノ無キ所ノ實權ヲ有スルコト是レナリ。

米國議會ノ權限

米國議會ノ權限

米國ノ主權ハ人民ニ在リ、而シテ同國ハ四十餘州ノ合衆國ナルヲ以テ、國家ノ組織及統治ノ方法等ハ悉ク憲法ニノミ根據シテ定メラル、故ニ憲法ハ此國ニ於ケル最高法律ニシテ、三權分立ノ主義ヲ最モ嚴明ニセシト共ニ立法權ハ全部議會ノ握ル所トシ、而モ憲法ノ規定以外ニ一歩モ出入スルヲ許サザルナリ。故ニ其ノ權限ハ列擧的ニシテ左ノ如シ。

(一)外交ニ關スル立法
(二)外國貿易ニ關スル立法
(三)內地貿易ニ關スル立法
(四)貨幣制度ニ關スル立法
(五)發明及著述ニ關スル立法
(六)歸化ニ關スル立法
(七)破產ニ關スル立法
(八)犯罪ニ關スル立法
(九)歲入及歲出ニ關スル立法
(十)軍制ニ關スル立法

(十一)裁判所構成及訴訟手續ニ關スル立法
(十二)聯邦制度ノ下ニ立ザル領土及場所ニ關スル立法
(十三)行政方法ニ關スル立法

卽チ米國大統領ハ外國ニ向テ宣戰シ、捕獲シ、及講和スルノ權力ナシ、之レ等ハ總テ議會ノ掌ル所ナリ。一般ノ條約ハ、其ノ米國ト他國間ノ對外關係ニツキテハ大統領ハ元老院ノ批准ヲ經テ之レヲ締結スルヲ得ルモ、其ノ條約ニ定メタル事項ヲ國內ニ施行セント欲セバ議會ノ立法權ニ俟タザル可カラズ、故ニ大統領ノ締結セル條約ト議會ノ定メタル立法トハ時ニ衝突スルコトアルヲ理論上想像シ得ザルニアラザルモ、實際上ニ於テハ立法行爲ニハ大統領モ元老院モ總テ關與スルヲ以テ斯ル弊害ニ陷ラザルヲ今日ノ實狀トス。

米國議會ハ行政ノ監督上、大統領其他ノ一般官吏ガ叛逆罪、賄賂罪其他ノ重輕罪ヲ犯シタルニ對シ彈劾權ヲ有ス、彈劾ノ決議ハ代議院ノ爲ス所ニシテ、同時ニ代議院ハ又其ノ告發者ナリ、此ノ場合ニ於テ元老院ハ彈劾事件ノ審判權ヲ有シ有罪無罪ヲ裁判ス、彈劾セラルヽ被告ガ大統領ナルトキハ高等法院長ヲ以テ議長トシ、其他ノ場合ニハ元老院議長其ノ衝ニ當ル。　彈劾判決ノ效力ハ合衆國ニ於テ名譽、信託及利益ヲ受クベキ一切ノ公職ニ就ク權利ヲ終生剝奪スルニ在リ、而モ尙ホ同一事案ニツキ刑事普通裁判所ノ處罰ヲ免ルヽモノニアラザルナリ。

米國元老院ハ右ノ外特別權限トシテ(一)條約批准權アリ、即チ大統領ノ締結セル條約モ元老院ニ於テ批准セザレバ效力ヲ發生セザルナリ。(二)官吏任命承認權アリ、此ノ權利ハ議會制定ノ法律ヲ以テ所屬長官ニ一任スルコトヽ爲リ居レリ。

終リニ臨ミ我國竝ニ英、米兩國々會ノ權限ニツキ其ノ比較ノ大要ヲ論ゼンニ、英國々會ハ國王ト共ニ主權ノ掌握者ナリ、國會ハ憲法ヲ改廢シ、立法權ヲ有シ、且ツ行政各部ノ監督ヲ爲ス、其ノ司法權ニ對シテモ一部ノ司法權ヲ有スルノミナラズ、國會兩院ヨリノ申請アルトキハ自由ニ裁判官ヲ退職セシメ得。米國議會ハ立法權全部ヲ掌握スルモノナリ、其ノ憲法改正ニツキテハ各州ノ立法部ト共ニスルニアラザレバ權限ナシ、行政權及司法權ハ全ク國會ト獨立シテ存在ス、然レドモ國會ハ大統領及ビ行政、司法官吏ニ對シ彈劾權ヲ有スルヲ以テ夫レガ監督ニ充分ナリ。我國議會ハ憲法改正ニツキテハ勅命ヲ以テ發案セラレタル場合ノ外決議權ナク、立法權モ天皇ノ掌ル所ニシテ議會ハ單ニ之レガ協贊ニ與ルニ過ギズ、行政上ノ監督ニツキテハ上奏、建議、質問、特別決議等ノ形式ニ依リ之レヲ行フコトヲ得ルモ、議會自ラ積極的ニ其ノ責ヲ問フ可キ何等ノ權力ヲ有セズ、司法權ニ於テハ毫モ容喙スルヲ許サレザルナリ。要スルニ主權者タル點ニ於テ英國ノ國會ハ我國及米國ノ議會ト異リ、立法權ノ掌握者ナル點ニ於テ英、米國會ハ我國議會ト異ル、又英、米國會ハ一般行政官吏ニ向テ彈劾權ヲ有スルモ我議會ハ之レヲ有セズ、其ノ司法權ニツキテモ英國々會ハ彈劾事件、貴族ノ犯罪事件、及最終控訴院トシテ比較的廣大ナル權限ヲ有シ、米國議會ハ彈劾事件ニツキテノ裁判權ヲ有スルモ、我議會ハ何等司法上ノ客喙權アルコトナシ。蓋シ斯ノ如ク各々其ノ國會ノ權限ニ長短アルハ、各國其ノ國體及政體ノ異ルト、憲法成立ノ由來ノ如何トニ因ラズンバアラザルナリ。

第四節　議會ノ會議ニ關スル法則

帝國議會ノ開閉

帝國議會ヲ開閉スル權ハ天皇ニアリ。是レヲ外國ノ制度ニ觀ルモ凡テ君主國ニ於テハ國會ヲ開閉スルノ權ハ君主ニ屬シ、共和國ニ於テハ憲法ノ規定上當然ニ國會自ラ進デ開閉シ得ルヲ普通トス。我憲法第七條ハ『天皇ハ帝國議會ヲ召集シ其ノ開會閉會停會及衆議院ノ解散ヲ命ズ』ト規定セリ。〔一〕議會ハ毎年一回宛召集セザル可カラズ、而シテ毎年新ニ編製セラルヽ豫算案ハ此ノ議會ニ於テ決議サル可キモノナリ。此ノ豫算決議ノ爲メニ毎年一回召集セラル、議會ヲ通常會ト稱シ、其ノ會期ヲ三箇月間トス。臨時ノ必要ニ出リ特ニ勅命ヲ以テ召集セラル、議會ヲ臨時會ト謂フ。〔二〕議會ハ召集セラレタル後直ニ開會ス、而シテ通常會ハ三箇月ノ期間終了ニ因リテ閉會シ、臨時會ハ勅命ニ依リ定メラレタル期間ノ終了ニ因リテ閉會ス。〔三〕會期中一時議會ノ活動ヲ停止セラル、コトアリ之レヲ停會ト謂フ。停會ノ日限ハ十五日ヲ越ユルコトヲ得ズ、而シテ豫メ其ノ日限ヲ定メ勅旨ヲ以テ命ゼラル、モノニシテ、其ノ日限ノ經過ニ因リ議會ハ當然開會スルナリ。停會ヲ命ズル目的ハ憲法上別段ノ定メ無キヲ以テ、議會ガ政府ニ對シ過激ナル反抗ヲ爲ストカ、又ハ突飛ナル決議ヲ爲サントスル恐レアル等ノ場合ニ議會ノ反省ヲ求ムル爲メニ爲サル、モノナリ。〔四〕議會ハ又自ラ進デ議事ヲ休ムコトヲ得、之レヲ休會ト謂フ。休會ハ各議院ガ議事ノ都合上隨意ニ自ラ爲ス所ノモノナリ。

衆議院ノ解散

議會ハ召集ヨリ閉會ニ至ル迄ヲ會期トセラレ在ルモ、停會及休會ニ因ラズシテ會期ノ中途ニ於テ解散セラルヽコトアリ。此ノ解散トハ如何ナル意味ヲ有スルヤト謂フニ、本來議會ハ貴族院ト衆議院ヨリ成立ス、而シテ政府ガ中途ニ於テ衆議院ヲ消滅セシムル行爲ガ解散ナリ、故ニ解散ハ形式ヨリ謂ヘバ衆議院ノ消滅ナリト雖モ、實質ヨリ謂ヘバ各議員ノ資格剝奪ナリ。議員ノ任期ノ四箇年ナルコトハ衆議院議員選擧法ノ定ムル所ナリ、然ルニ解散ニ依リ議員ノ任期ハ四ケ年ノ中途ニ於テ終了スルモノナリ。解散ハ衆議院ニノミ對シテ行ハルヽモノニシテ貴族院ニ對シテハ行ハレズ、蓋シ貴族院ハ大部分終身議員又ハ世襲議員ヲ以テ組織セラルヽヲ以テ解散セラルベキ理由ナケレバナリ。解散ハ如何ナル目的ニ於テハ行ハルヽヤト謂フニ、憲法上何等ノ限定アルコトナシ、故ニ政府ト衆議院ト意見ノ衝突アリテ、其ノ國民ノ輿論ハ果シテ孰レニ傾キツヽアルヤヲ驗サントスル場合、其ノ他政府ガ衆議院ヲ改造セントスル政策上等ニ於テ行ハルヽヲ普通トス。解散後ハ新ニ總選擧ヲ行ハシメテ解散ノ日ヨリ五箇月內ニ新議會ヲ召集スルコトヲ要スルナリ、此ノ新議會ニ於テ更ラニ又衆議院ガ政府ニ反對スル場合ニ再ビ之レヲ解散スルコトヲ得ルヤ否ヤ、憲法上ニ於テハ何等ノ制限ナキヲ以テ幾度解散スルモ毫モ違憲タルコトナシト雖モ、實際上ニ於テハ既ニ一度解散ヲ行フテ國民ノ輿論ニ訴ヘタルモ、再ビ衆議院ニシテ政府反對議員ノ多數ナルハ之レ即チ政府ノ政策ガ國民ニ喜バレザル表明ナルヲ以テ、斯ル場合ニハ政府自ラ身ヲ退テ內閣總辭職ヲ爲スヲ立憲的ノ態度トス。英國ニ於テハ已ニ百餘年間斯ル場合ニ政府ガ再ビ解散ヲ爲シ得ザルコトガ憲法上一ツノ慣例ト爲リ居レリ。衆議院ガ解散ヲ命ゼラレタルトキハ其ノ間貴族院ハ當然停會セラルヽモノナリ。

議事ノ法則ハ憲法及議院法ノ定ムル所ニシテ（一）定足數。憲法第四十六條ハ『兩議院ハ各其ノ總議員三分ノ一以上出席スルニ非ザレバ議事ヲ開キ議決ヲ爲スコトヲ得ズ』ト規定セリ、但シ憲法改正案ヲ議スル場合ニハ憲法第七十三條ニ依テ兩議院各總議員ノ三分ノ二以上ノ出席アルコトヲ要スルナリ。(二)決議方法。 憲法第四十七條ハ『兩議院ノ議事ハ過半數ヲ以テ決ス可否同數ナルトキハ議長ノ決スル所ニ依ル』ト規定セリ、之レニモ二三ノ例外アリテ(イ)憲法改正案ニ對シテハ出席議員三分ノ二以上ノ多數アルニ非ザレバ可決スルコトヲ得ズ(ロ)讀會省略ノ決議ヲ爲ス場合(議院法第二十七條)及議員ヲ除名スル懲罰ヲ爲スニハ(議院法第九十六條)同ジク出席議員三分ノ二以上ノ多數ヲ得ルコトヲ要スルナリ。(三)議事ノ公開。 憲法第四十八條ハ『兩議院ノ會議ハ公開ス但シ政府ノ要求又ハ其ノ院ノ決議ニ依リ祕密會ト爲スコトヲ得』ト規定セリ。

大臣及政府委員ノ出席發言權

憲法第五十四條ハ『國務大臣及政府委員ハ何時タリトモ各議院ニ出

席シ及發言スルコトヲ得』ト規定セリ、蓋シ政府ハ法律案及豫算案ヲ提出スル權利アリ、又法律及豫算ノ成立シタルモノハ政府之レガ實行ノ衝ニ當ル可キモノナルヲ以テ、其ノ議會ニ於テ討議ノ際ニ充分ニ政府ノ意見ノアル所及實際上ノ事狀ヲ辯明シテ意思ノ疏通ヲ計リ置クハ必要ノコトニ屬ス。是レ憲法ニ此ノ規定アル所以ナリ。米國ノ憲法ニ於テハ政府ノ官吏ガ議會ニ出席發言權ヲ認メズト雖モ、其ノ他ノ世界各國ニ於テハ皆一樣ニ之レヲ認メザルモノナシ、唯ダ英國ノ大臣ガ國會ニ出席發言スルハ大臣タル資格ニ於テ爲スニ非ズシテ、議員タル資格ニ於テ爲スノ差アルニ過ギズ、其ノ詳細ハ乞フ之レヲ後段ニ述ベン。

英國々會ノ開閉

英國々會ノ召集、開會、閉會及庶民院ノ解散ヲ爲ス權利ハ國王ニアリ、故ニ國會ハ國王ノ召集アルニ非ザレバ開會スルヲ得ズ。英國ノ法律ニ於テハ國會ハ必ズ三年ニ一回召集セザル可カラザル旨ノ規定ナルモ、實際ニ於テハ歳出歳入ニ關スル財政案ヲ毎年新ニ議定セザル可カラザルト、又陸軍條例ヨリスレバ英國ノ常備軍ハ一箇年限リニシテ、毎年國會ニ於テ其ノ兵數ヲ議決スルニ非ザレバ之レヲ設置スルヲ得ザルト、是レ等ノ事狀ヨリシテ國會ハ毎年一回二月中旬ニ召集サル可キ慣例ト爲レリ。　英國ニ於ケル庶民院解散ニ關スル慣例ハ最モ立憲的ニ行ハルヽモノニシテ、庶民院若シ政府不信任ノ決議ヲ爲シ、又ハ政府提出ノ重要ナル議案ヲ否決シタルトキハ、内閣ハ總辭職ヲ爲スカ又ハ庶民院ノ解散ヲ爲スカノ中一途ニ出デザル可カラズ、然レドモ政府ハ多クノ場合ニ於テ國民ノ輿論ニ訴ヘントシテ庶民院ノ解散ヲ爲ス。解散後ノ總選擧ニ於テ政府黨議員多數ナルトキハ、國民ハ尙ホ政府ヲ信頼スルモノトシテ内閣大臣ハ依然トシテ留任スルヲ得ルモ、若シ之レニ反シテ政府黨議員少數ナルトキハ、國民ハ最早政府ノ政策ヲ喜バザルモノナルヲ以テ内閣大臣ハ總辭職ヲ爲サヾル可カラズ、更ラニ再ビ庶民院ヲ解散スルコトハ之レヲ許サヾルナリ。英國ニ於ケル此ノ立憲的慣例ハ已ニ百五十年間不變ノ原則ト爲レリ。

英國々會ハ議事ヲ開クコトニツキテノ定員數ガ貴族院ハ僅ニ三名ニテ足リ、又庶民院ト雖モ四十名ニ達スルトキハ開會シ得ルナリ。其ノ定員ノ少數ナルコト異樣ノ感ナキニ非ザルモ、猶ホ能ク立憲政治ノ精神ヲ沒却セザル所ニ同國美風ノ存在ヲ認メザル可カラズ。而シテ議事ニツキ可否同數ナルトキハ議長之レヲ決ス可キナリ。

英國ノ內閣大臣ハ國會ニ出席シテ政府ノ意見ヲ說明スルコトヲ得、然レドモ其ノ國會ニ出席スル資格ハ我國々務大臣及政府委員ガ憲法上議會ニ出席發言權ヲ認メラレアルト異リ、單ニ一議員トシテ其ノ議員タル資格ニ由リ爲スニ過ギザルナリ。蓋シ英國ニハ憲法上內閣ナルモノアルコトナシ、內閣大臣ノ憲法上ノ資格ハ樞密顧問官タルニ止マルモノナリトス。而シテ其ノ內閣ナル名稱ノ由リテ生ゼシ根源ヲ知ラムト欲セバ之レヲ歷史ニ求メザル可カラズト雖モ、茲ニハ之レヲ省略シテ後段國務大臣ヲ論ズルノ章ニ讓ラム。英國ノ內閣大臣ハ必ズ貴族院又ハ庶民院ノ議員ヲ兼ヌ可キモノナリ、故ニ貴族院ノ議員タル大臣ハ貴族院ニ出席シ、庶民院議員タル大臣ハ庶民院ニ出席シテ各政府ノ施政ヲ說明スルナリ。

米國議會ノ開閉

米國ノ議會ハ召集ヲ待タズシテ自ラ憲法ニ規定セル期日ニ每年當然開會ス、憲法ニハ每年十二月第一ノ月曜日ヲ以テ開會期日ト規定セリ。其ノ閉會期日ニツキテハ何等ノ規定ナキヲ以テ上下兩院ノ協定ニテ適當ノ時期ニ何時ニテモ閉會スルヲ得。米國ノ大統領ハ議會ヲ召集スル權利ナシト雖モ、臨時ノ必要アル場合ニハ臨時議會ヲ召集スルコトヲ許サル、大統領ハ又議會ヲ停會及解散スルコトヲ得ズ、故ニ米國議會ニハ停會又ハ解散ナルモノアルコトナシ。決議ノ方法ハ兩院各過半數ノ議員ノ出席アルコトヲ要シ、而シテ出席議員ノ多數決ニ依ルモノトス。

米國ハ立法ト行政トノ區劃嚴然トシテ、內閣員ノ國會ニ出席發言スル權利ヲ認メズ。又同國憲法上ニ於テハ敢テ國務大臣ナルモノアルコトナク、凡テ內閣員ハ大統領ノ高等祕書役補助機關タルニ過ギザルナリ。而シテ兩院ノ議員ハ又官吏ヲ兼ヌルコトヲ得ザルヲ以テ、政府ト議會トハ時ニ意思ノ疏通ヲ缺テ時ニ突飛ナル立法ヲ爲スコトナキニ非ズ、故ニ今日ニ於テハ內閣員ハ議會ノ委員會ニ出席シテ議員ノ質問ニ答フルコトト爲シ居レリ。

第五節　議員ノ權利義務

概念

議員ノ權利トシテ最モ重大ナルモノハ議會ニ出席シテ議事ニ參與スルニアリ、而シテ議員ノ此ノ權利ハ亦國民ノ有スル參政權中ノ最高ノモノナリトモ謂フコトヲ得ルナリ。議員ノ議會ニ出席シテ議事ニ參與スルコトハ、一面ニ於テ權利タルト共ニ他面ニ於テハ又義務ナリ、議員ハ誠心誠意國家ノ福利ヲ慮リ、公平無私ノ心ヲ以テ議事ニ參與シ表決ニ加ハル可キ義務ヲ有スルナリ。

第一、發言無責任

『兩議院ノ議員ハ議院ニ於テ發言シタル意見及表決ニ付院外ニ於テ責ヲ負フコトナシ但シ議員自ラ其ノ言論ヲ演說刊行筆記又ハ其ノ他ノ方法ヲ以テ公布シタルトキハ一般ノ法律ニ依リ處分セラルヘシ』(憲法第五十二條)

議員ハ公正ノ立場ヨリシテ行政ノ監督ヲ爲シ、國務大臣ノ責任ヲ質ス可キ權限ヲ有ス、隨テ其ノ議會ニ於ケル行動及發言ハ四圍ノ何者ニモ顧慮スルコトナク全ク自由ナラザル可カラズ。是レ憲法ニ發言無責任ノ規定アル所以ナリ。然レドモ議員ノ此ノ權利ハ議會ニ於ケル職務ノ自由ヲ保障シタルニ過ギザルヲ以テ、議員自ラ其ノ言論ヲ演說刊行等ヲ以テ院外ニ發表スルトキハ一般ノ法律ニ依リ處分セラルヽヲ免ルヽモノニ非ズ、蓋シ院外ノ行動ハ院內ノ職務行使ト何等ノ關係アルモノニ非ザレバナリ。又議員ノ發言無責任ハ、院外ニ於テ一般ノ法律ニ依リ責メヲ負フコトナキノ意ナルヲ以テ、院內ノ規則ニ依リ懲罰ニ處セラルヽコトハアリ得ルモノト識ル可キナリ。

第二、身體自由ニ關スル權利

『兩議院ノ議員ハ現行犯罪又ハ內亂外患ニ關スル罪ヲ除ク外會期中其ノ院ノ許諾ナクシテ逮捕セラルヽコトナシ』(憲法第五十三條)

議員ガ國政ヲ議スルニ對シ、政府ガ惡意ヲ以テ權力ヲ濫用シ、有罪ナラザル反對黨議員ヲ逮捕シテ其ノ氣勢ヲ削ガントスルガ如キコトハ嚴重ニ之レヲ戒メザル可カラズ、是レ本條ノ規定アル所以ナリ。然レドモ議員ノ此ノ權利ハ單ニ開期中議院ノ許諾ナクシテ逮捕スルヲ得ザルニ止マルヲ以テ、其ノ開期前又ハ後ニ於テハ一般ノ法律ニ依リ之レヲ爲シ得可キハ勿論、又議員ノ屬スル其ノ院ノ許諾アル場合ニ於テハ之レヲ逮捕シ得可キハ明文ノ示ス所ナリ。

歳費及旅費ヲ受クル權利

第三、歳費及旅費ヲ受クル權利

貴族院ノ勅任及被選議員竝ニ衆議院議員ハ歳費及旅費ヲ受クル權利アルコトハ議院法第十九條ノ規定スル所ナリ。外國ニ於テハ英、獨、伊等ノ議員ハ全ク此ノ權利ヲ認メラルヽコトナシ。

英國議員ノ權利

國會制度ガ始メテ英國ニ於テ發生シタル時ヨリ十七世紀ノ半頃ニ至ル迄ノ間ハ、議員ノ言論ニ關スル自由ノ確保充分ナラズシテ、國王又ハ政府ノ政策ニ反對スル言論ヲ試ミタル爲メ監禁セラレ、刑罰ニ處セラレタル者少ナカラズ、特ニ千三百九十三年ニ「バクレー」ナル議員ガ王室費ヲ削減ス可キ議案ヲ提出シタル爲メ叛逆罪ニ問ハレタル如キハ其ノ最モ著シキ例ナリ。於是カ千六百八十九年ノ權利法典（Bill of Right）ニ於テハ『國會ニ於ケル言論討議及議事手續ハ自由ニシテ國會外ノ裁判所其他ノ場所ニ於テ告訴又ハ質問セラルヽコト無キ旨ヲ』規定セリ、爾來英國々會議員ノ言論及討議ハ全ク國會外ニ於テ責任無キコトヲ認メラレツヽ今日ニ至リ、他ノ各國モ悉ク其ノ例ニ倣ハザルモノナキノ狀勢ニ至レリ。

議員ノ身體ガ開期中自由ナルノ思想モ英國ニ於テ發生シタルモノナリ、英國ノ議員ハ開期中ハ勿論、開會前四十日間及閉會後四十日間モ叛逆罪及治安ヲ害スル罪ヲ除ク外逮捕セラルヽコトナク、既ニ逮捕セラレタル後ニ於テモ議員ニ當選スルトキハ當然逮捕ヲ免セラル可キ特權ヲ有ス、更ラニ英國ノ議員ハ開期中ハ證人ト爲リ又ハ陪審官ト爲ル義務ヲモ免除セラルヽナリ。英國ノ貴族院議員ハ以上ノ特權ノ外、尙ホ開閉前後二十日間ハ其ノ議員ノ家族モ逮捕セラルヽコトナキモノト爲リ居レリ。

英國議員ノ自由權ハ今日ニ於テハ其ノ保護ニ充分ナリト雖モ、其ノ初メニ於テハ之レニ關シ、議員ト國王、政府及國會トノ間ニ著シキ爭鬪アリタルコトヲ忘ル可カラズ、其ノ最モ甚シキハ千七百六十五年ニ起リタル「ウヰルクス」出版事件ナリトス。「ウヰルクス」ハ政府反對黨ノ議員ニシテ、「ゼ・ノールス・ブリテン(The North Britain)雜誌ノ主筆ナリ、而シテ「ウヰルクス」ハ同第四十五號雜誌上ニ於テ「ベッドフォード」內閣ノ外交政策ヲ攻擊シタル爲メ、國王ニ不敬ヲ加ヘタルモノトシテ逮捕セラレタリ、政府反對黨ノ首領「グラントン・テムプル」ハ之レヲ牢獄ニ訪テ事狀ヲ調査シタル上、政府ノ所置ノ不法ナルコトヲ極力攻擊セリ、「コンモンプリース」法院ノ大判事「ブラット」ハ「ウヰルクス」ガ議員タル所ヨリ人身保護律ニ因リ之レヲ放免セリ、於是カ政府ハ「ウヰルクス」ノ民兵其他ノ官職ヲ剝ギ、更ラニ「キングスペンチ」法院ノ令狀ヲ以テ召喚セントシタルニ「ウヰルクス」ハ議員ノ特權ヲ主張シテ之レヲ拒絕セリ。當時英國ノ國會ハ今日ノ如ク有力ナラズ、議員ハ常ニ政府ノ鼻息ヲ窺フニ汲々トシテ自重ノ意ナク、遂ニ政府ノ意ヲ迎フル爲メニ「ウヰルクス」ヲ國會ヨリ除名セリ、然レドモ國民ノ輿論ハ斯ル不公平ナル國會ノ所置ニ贊成ス可クモアラズ、次デ行ハレダル總選擧ニ於テ「The North Britain」四十五號事件ノ名士トシテ再ビ「ウヰルクス」ヲ議員ニ選擧シ、且ツ其ノ當選ノ發表セラルヽヤ之レヲ祝スル爲メ數百千人隊伍ヲ成シ飾火ヲ點ジテ市街ヲ練歩ケリ、政府ハ之レヲ快トセズ、名ヲ曩ノ國王不敬罪ニ借リ逮捕狀ヲ發シテ「ウヰルクス」ヲ拘引セシ處、暴徒蜂起シテ之レヲ牢獄ヨリ救出シ、遂ニ政府ノ兵士ト暴徒トノ間ニ大衝突ヲ來シ數十人ノ死傷者ヲ出シ、「ウヰルクス」ハ又讒謗律ニ依リ處分セラルヽニ至レリ。而シテ國會ハ又政府ノ頤使ニ依リ「ウヰルクス」ヲ除名セリ、然レドモ其ノ補缺選擧ヲ行フヤ「ウヰルクス」ハ又大多數ヲ以テ再選セラレシガ、國會ハ本期議會ニ於テ除名シタル者ハ本期議會ノ議員タルヲ得ズトシテ其ノ當選ヲ無效トシ、更ラニ選擧ヲ行ハシメタル處「ウヰルクス」又當選セリ、國會ハ此ノ選擧ヲモ無效トシ、更ラニ補缺選擧ヲ行ハシメ且ツ今回ハ名士「コロネル・ラットレル」ヲシテ候補者トシテ競爭セシメタルモ其ノ效ナク、五倍ノ多數ヲ以テ又々「ウヰルクス」當選セリ、於是カ國會ハ最後ノ策ニ出デ少數投票ヲ得タル「ラットレル」ヲ當選者ト確定シ「ウヰルクス」ヲ國會ヨリ逐斥シ了レリ。然レドモ此ノ事件ノ爲メニ議員ノ身體自由ニ關スル觀念ハ其ノ發達ノ速度ヲ早メ、又「ウヰルクス」ハ之レガ爲メ反テ人望ヲ得テ「ロンドン」府ノ司長ニ選擧セラルヽニ至レリ。

英國ノ兩院議員ハ報酬ヲ受クル權利ヲ有セズ、唯ダ貴族院ノ法務議員ノミガ年俸六千磅宛ヲ受クルニ過ギザルナリ。

米國議員ノ權利

米國憲法第六條ハ『元老院議員及代議院議員ハ法律ノ定ムル所ニ從ヒ報酬ヲ受クベシ、此報酬ハ合衆國々庫之レヲ支辨スルモノトス、各院議員ハ叛逆罪重罪及治安ヲ害スル罪ノ外如何ナル場合ト雖モ各院ノ會議ニ出席中及各院ノ會議ニ參列途中又ハ其ノ歸途ニ於テ逮捕セラ

概念

ル、コトナカルベシ、各院ノ議員ハ其ノ所屬議院内ニ於テ爲シタル言論ニ對シ議院外ニ於テ問責セラルル事ナカルベシ云々」ト規定セリ。是レ米國議員ノ權利ノ全體ニシテ、其ノ英國議員ト異リ、報酬ヲ受ル點ハ我國議員ト同ジク。身體ノ自由ニツキテハ單ニ會期中ノミナラズ、議會ニ參列スル爲メ往復スル途中ヲモ包含スルナリ。議院内ニ於ケル議員ノ言論ニ對シテハ、院外ニ於テ責ヲ負フコトナシト雖モ、院内ノ規則ニ依リ相當ニ處分セラルル、コトアルハ我國竝ニ英國憲法ノ規定ト異ルコトナシ。

第二章　國務大臣及樞密顧問

第一節　國務大臣

國務大臣ハ立憲國特有ノ機關ナリ、然レドモ其ノ起源ハ君主ノ法律上無責任ナル觀念ト牽連スルコト多キヲ以テ、民主國ノ憲法ニハ國務大臣ヲ認メザルモノアリ、米國憲法ノ如キ是レナリ。蓋シ君主ニシテ法律上無責任ナラムカ、國政ノ當否ニツキ責任ヲ負フ何者カヲ置カザル可カラズ、是レ國務大臣ノ制アル所以ナリ。國務大臣ハ又一方ニ於テ行政各部ノ長官ヲ兼ヌルヲ世界共通ノ常例トス。蓋シ大臣ガ國政上ノ責任ヲ負フニハ、常ニ天皇ノ左右ニ侍シテ政務ノ實狀ニ通曉スルコトヲ要スレバナリ。

國務大臣ノ地位

『國務各大臣ハ天皇ヲ輔弼シ其ノ責ニ任ズ、總テ法律勅令其他國務ニ關スル詔勅ハ國務大臣ノ副署ヲ要ス』トハ憲法第五十五條ノ規定スル所ナリ。國務大臣ハ大政ノ施行ニツキ輔弼ノ責ニ任ズルモノナリ、而シテ輔弼トハ天皇ニ對シ意見ヲ奏上シ聰明ヲ啓キ奉ルニアリ。凡ソ立憲國ニ於テハ君主ノ國務上ノ行爲ハ必ズ大臣ノ輔弼ニ依ル可キモノトセラレ、其ノ輔弼ニ依ラザル國務ノ執行ハ憲法上存在ヲ認メザルコトヲ以テ本義トス。專政國ニモ大臣宰相ハ存在スト雖モ、之レ單ニ君主ノ大權施行ノ便宜ノ爲メニ置クニ過ギズシテ、立憲國ノ國務大臣トハ全然其ノ地位ヲ異ニスルモノナリ。

國務大臣ノ輔弼

國務大臣ハ天皇ヲ輔弼ス。而シテ輔弼トハ政務ニ關シ意見ヲ奏上シテ採擇ヲ乞フニアルコト前述ノ如シ。國務大臣ハ天皇ヲ輔弼スルコトヲ要スルト共ニ、天皇モ又國務大臣ニ意見ヲ聽クコトヲ要スルナリ。蓋シ憲法上、天皇ノ大權ハ國務大臣ノ輔弼ナル溝渠ヲ經由スルニ非ザレバ發動シ得ザルヲ以テ精神トス。然レドモ天皇ハ大臣ノ輔弼ニ依リ毫モ其ノ意思ノ自由ヲ防ゲラル可キモノニアラズ、又政務ニ關シ元老大官何人ニ意見ヲ聽クモ自由ナリト雖モ、其ノ一度ハ必ズ國務大臣ノ意見ヲ徵セザル可カラズ、是レ憲法上大臣ノ責任ノ因テ生ズル所以ナリ。

國務大臣ノ副署

『凡ソ法律勅令其他國務ニ關スル詔勅ニハ國務大臣ノ副署ヲ要ス』ト

ハ憲法第五十五條二項ノ規定スル所ナリ。副署ス可キモノハ法令詔勅ニ限ル、又副署ナキモノハ憲法上效力アルコトナシ、副署ノ重要ナル夫レ斯ノ如シ。然ラバ副署ハ如何ナル方法ニ於テ爲ス可キヤト云フニ、陛下ノ御親署ノ後ヘ國務大臣ガ自分ノ名ヲ副ヘテ署スルナリ。國務大臣ニ輔弼ノ責アルハ前述ノ如シ、而シテ副署ハ輔弼ノ表明ナリト雖モ、輔弼ト副署トハ全然同一ナルモノニ非ズ。卽チ天皇ノ國務上ノ行爲ニ對シテハ國務大臣ニ於テ必ズ輔弼ス可キモノナリト雖モ、其ノ副署ヲ要スルハ法令詔勅ノ文書ニツキテノミナリトス。又輔弼ハ天皇ノ大權行使ノ實質ニ關スルモノナリト雖モ、副署ハ單ニ公式ニ過ギザルナリ。

國務大臣ノ責任

國務各大臣ハ天皇ヲ輔弼シ其ノ責ニ任ズト雖モ、之レガ責任ノ根源ニツキテハ學者間多少ノ異論ナキニ非ズ、或ハ曰ク、國務ニ關スル全責任ハ天皇ノ負擔ス可キモノナリト雖モ、天皇ハ神聖ニシテ責任ヲ歸セシムル能ハザルヲ以テ國務大臣代テ之レヲ負擔スルナリト。或ハ又曰ク、天皇ハ絕對ニ過チアルコトナシ、若シ過チアレバ天皇ノ過チニ非ズシテ輔弼ノ任アル大臣ノ過チナリ、故ニ國務大臣ニ責任アリト。此ノ兩說ハ共ニ正確ナリト謂フヲ得ズ。蓋シ法理上ノ原則トシテ他人ノ過失ニ代リテ責任ヲ負フ可キ者ノアルコトナク、又誠ニ畏レ多キコトナリト雖モ、天皇ト雖モ過チナシトハ道理上謂ヒ得ザルコトナリ。然ラバ大臣責任ノ眞因ヤ如何ト云フニ、國務大臣ハ天皇ヲ輔弼ス可キモノナリ、隨テ國務上ノ當不當ハ直ニ大臣輔弼ノ當不當ニ歸セザル可カラズ、是レ大臣ニ責任アル所以ナリ。天皇ノ大權行使ニ關シテハ國家ノ利福ノ上ヨリ忠誠、適切ナル意見ヲ奏上シテ採擇ヲ乞フガ國務大臣ノ任務ナリ、故ニ一旦其ノ任ヲ誤ランカ責任ハ絕對ニ大臣ノ負フ所ニシテ、口ヲ大命ニ藉リテ責ヲ免レントスル如キハ憲法ノ許サザル所ナリ。

國務大臣ニ責任アルヤ夫レ斯ノ如シ。然ラバ責任ハ如何ナル責任ニシテ何人ニ對シテ負フモノナルヤ、是レ憲法上最モ異論多キ所ナリト雖モ、余ハ之レヲ法律上ノ責任及政治上ノ責任ノ二ニ區別シ、法律上ノ責任ハ天皇ニ對シテ負擔シ、政治上ノ責任ハ議會ニ對シテ負擔スト謂フヲ穩當ナリト信ズ。

（法律上ノ責任）

（一）法律上ノ責任ニツキテハ外國ノ憲法中、國會ニ大臣ヲ彈劾スル權力ヲ認ムルモノアリト雖モ、我憲法ハ否ラズ。我國ニ於テハ國務大臣ヲ任命シ及辭職セシムルノ權ハ天皇ノ專有スル所ニシテ何者ノ容喙ヲモ許サズ。隨テ大臣ノ法律上ノ責任ハ天皇ニ對シテノミ負フ可キモノナリ。今之レヲ大臣以外ノ一般官吏ニツキテ見ルニ、其ノ職務上ノ過失ハ懲戒法ニ依リ處分セラルル可キナリ、然レドモ國務大臣ハ天皇ノ御親任ニ基クモノナルヲ以テ懲戒法ノ適用ヲ受ケズ、夫レ然リ、然リト雖モ既ニ輔弼ヲ誤リ職務上ノ過失ヲ來シタル以上ハ、天皇ニ對シテ自己ノ進退ニ關スル聖斷ヲ仰ギ奉ル可キハ當然ニシテ、是レ卽チ國務大臣ノ法律上ノ責任ナリ。或ハ國務大臣ハ政治上ノ責任ノミヲ有シ、天皇ニ對シテモ法律上ノ責任ナシト論ズルモノアレドモ、此レ憲法ノ正理ニアラズト信ズ。

（政治上ノ責任）

(二)政治上ノ責任ニツキテハ學者中或ハ其ノ存在ヲ認メザルモノアリ、然レドモ苟モ憲法ヲ一片ノ空文ト見ザル以上ハ之レヲ憲法々理ノ精神ヨリ解釋シテ到底首肯シ能ハザル所ナリ。國務大臣ハ天皇ヲ輔弼シテ其ノ責ニ任ズ、憲法第五十五條ハ單ニ『其ノ責ニ任ズ』ト規定セシニ止マリ、如何ナル責ヲ如何ナル範圍ニ於テ負擔スルモノナルヤヲ明ニセザリシハ、憲法運用ノ妙味ヲ此ノ漠然タル文字ノ中ニ發揮セシメントセシニハ在ザルカ。夫レ我ガ萬世無比ノ國體ヲ有スル大日本帝國ニ於テハ、天皇ノ大權ヲ施行セラル、ニ當リ、民ノ幸福ヲ以テ陛下ノ御幸福ト御思召サレシコトハ、歷代ノ天皇ヲ通ジテ變ラザルノ大御心ナリ。然ラバ國務大臣ガ天皇ヲ輔弼スルニ當リテモ、天皇ノ大御心ノアル所ハ克ク之レヲ體シテ君民共ニ滿足スルノ途ニ意ヲ用ヒザル可カラズ。然ルニ一朝之レヲ誤ランカ、國務大臣ハ上ハ天皇ニ對シ下ハ國民ニ對シテ責任ヲ負ブ可キヤ明ナリ。然リ而シテ議會ハ政治上ノ意味ニ於テ國民ノ代表機關ナリ。國務大臣ガ議會ニ對シ政治上ノ責任ヲ負フノ根源ハ蓋シ此所ニ在リテ存ス。

國務大臣ガ議會ニ對シテ責任ヲ負フコトハ之レヲ憲法、議院法等ノ法條ノ上ヨリモ推知スルニ難カラズ。即チ憲法上ニ於テハ議會ハ國務大臣ヲ彈劾上奏スルコトヲ得、又不信任ノ決議權ヲ有ス。之レヲ議院法上ヨリ觀レバ議員ハ國務大臣ニ對シ施政上ノ質問權ヲ有シ、大臣ハ又必ズ之レニ答辯ス可キ義務ヲ有スルナリ。斯ノ如ク議會ガ國務大臣ニ對シテ監視的地位ヲ有スルハ、畢竟之レ大臣ガ議會ニ對シテ責任ヲ有スル所以ニシテ、唯ダ其ノ責任ガ直接法律上ノ效果ヲ伴フモノニ非ザルヲ以テ之レヲ政治上ノ責任ト謂フニ過ギズ。抑モ國務大臣ノ責任ノ觀念明確ナル可キコトハ立憲政體ノ要求ニシテ、大臣責任ノ實愈々充分ナルニ至レバ、憲政ノ美果爰ニ始メテ備ハルノ秋ナリト識ル可キナリ。

國務大臣ノ責任ハ連帶タルヤ各別タルヤニツキテモ議論分カル。或ハ國務大臣ハ各別ニノミ責任ヲ負フニ過ギズト謂フモノアリ、是レ大臣ノ責任ヲ以テ單ニ天皇ニ對スル法律上ノ責任アルノミニシテ議會ニ對シテハ無責任ナリトノ議論ノ趣旨ヨリ胚胎ス。蓋シ法律上ニ於テハ特別ノ明文アラザル限リ、責任ハ行爲者ノミニ歸ス可クシテ他ニ及バザルヲ以テ原則ト爲セバナリ。然レドモ已ニ述ベタルガ如ク吾人ハ國務大臣ハ天皇ニ對シ法律上ノ責任アルノミナラズ、議會ニ對シテモ政治上ノ責任アルモノト信ズルヲ以テ、隨テ其ノ責任モ各大臣ノ連帶ナルヲ相當ト確信ス。蓋シ内閣ノ政策ヲ行フニハ必ズ閣員一致ノ決議アルコトヲ要ス、而シテ其ノ政策ノ當否ハ閣員ノ議會ニ對シテ責任ヲ負フノ根源ナリ、豈ニ尙ホ其ノ責任ノ連帶ナラズト謂フヲ得ンヤ。然レドモ右ハ原則ナリ、國務大臣ハ內閣ヲ組織スルト共ニ他方ニ於テハ各行政部ノ長官ナリ(內務、外務、其他七省)、故ニ其ノ各主管事務ニツキテ特ニ起リタル過失ノ責任ハ之レヲ連帶トセズ各別ナリトスルモ敢テ不可ナカラン、之レ例外ノ事ニ屬ス。

國務大臣ノ任免權ハ天皇ノ有スル所ナルコト論ヲ俟タズ、然レドモ已ニ述ベタルガ如ク立憲政治ハ民意ヲ重ズルノ政治ナリ。故ニ國務大臣ノ施政モ議院多數ノ同意ヲ經ルニアラザレバ其レガ實行ヲ期シ難シ、於是カ議會ニ於ケル多數黨ノ勢力ハ實際上內閣組織ニ關シテ斟酌セラルヽヲ常トス。英、佛其他ノ歐米先進國ガ議院內閣ヲ以テ政治ノ本領ト爲ス又已ムヲ得ザルコトナリ。由來政治ハ勢ナリ、大勢ノ歸スル所理論ノ到底支ヘ得可キニ非ズ。我國ニ於テモ明治三十一年以前ノ內閣組織ハ全ク議院ニ關係ナク超然主義ニノミ據リシト雖モ、今日ニ於テハ之レヲ許サズ、其ノ內閣ヲ政黨ノ首領ニ於テ組織スル場合ハ勿論、官僚內閣ノ場合ニ於テモ議會ニ於ケル政黨ノ後援ナクシテハ一日モ其ノ存立ヲ全フスル能ハザルニ至レリ。近ク英、佛其他ノ國ノ如ク議院內閣ノ政治時代ノ來ル可キコトハ今ヨリ之レヲ想像スルニ難カラザルナリ。學者或ハ我憲法ノ下ニ於テハ政黨內閣、議院內閣ハ許ス可カラザルモノヽ如ク論ズルモノアリト雖モ、之レ徒ニ立憲思想ノ發達ヲ阻害スル固陋無稽ノ說ニシテ深ク耳ヲ傾クルニ足ラザルモノト知ル可キナリ。

英國ノ內閣員

英國ノ立憲政治ガ他邦ニ卓越シテ獨リ其ノ美ヲ擅ニスル所以ハ、一ツニ國務大臣責任ノ大主義ガ秩然トシテ一絲モ亂レザルニ因ラズンバアラズ。實ニ大臣責任ノ主義ノ明確ナルト否トハ其ノ國憲政ノ眞價如何ヲ測定ス可キ照尺ニシテ、我國ニ於テ國務大臣ノ責任ニ關スル主義ノ未ダ一定セザル如キ、憲政ノ前途甚ダ遼遠ナリト謂フ可キナリ。

英國ニ於テハ憲法上國務大臣ナルモノ存スルコトナシ、其ノ現ニ內閣員トシテ施政ノ衝ニ當リツヽアル者モ、是レヲ憲法上ヨリ觀ルトキハ(Privy Councillor)樞密顧問官タル資格ヲ有スルニ過ギズ。(Cabinet)內閣ナル名稱ハ單ニ一ノ歷史的事實トシテ發生セシニ過ギザルナリ。之レニ關シ英國ノ碩學エー・ヴイ・ダイシー(A. V. Dicey)ガ『內閣トハ每日使用スル語ナリ然レドモ亦一人ノ法律家モ內閣ノ何タルヲ明言シ得ザルナリ』ト嘆息スルニ至リシモ所以ナキニアラザルナリ。今爰ニ內閣ノ起因ニ關スル事實ヲ略述センニ、初メ十一、二世紀頃英國宮廷ニ於テハ國王ノ輔佐役トシテ小數ノ委員ヲ置ケリ、其ノ會議ヲ樞密院(Privy Council)ト稱シ又其ノ委員ヲ樞密顧問官(Privy Councillor)ト稱セリ。其後數世紀ヲ經テ十六世紀ノ半頃「エドワード」六世ノ朝ニ至リテハ顧問官ノ數モ甚ダシク增加セシヲ以テ、之レヲ五部ニ分チ其ノ擔任事務ニツキテ翼贊スルノ途ヲ開ケリ、之レヲ今日ノ行政各省ノ起源トス。更ラニ「チャールス」二世ノ千六百七十九年ニ至リテハ、多數顧問官ノ紛議冗長ナル會議ヲ避ケテ政務ノ敏活ヲ計ラン爲メニ、國王ノ特ニ信任スル少數ノ者ノミヲ選拔シテ、院內ノ內室ニ召集シ、重要ナル政務ヲ祕密ニ議セシムルニ至レリ、是レ卽チ內閣(Cabinet)ノ稱ノ起リシ原因ナリ。當時此ノ內閣制度ニ對シテハ輿論ノ甚ダシキ反對アリシト雖モ、實際上ニ於テハ機宜ニ適シタル良制度タリシヲ以テ、自然ニ發達シテ今日ノ英國內閣ノ基礎ヲ定ムルニ至レリ。故ニ今日ニ於テモ英國內閣員ノ法律上ノ資格ハ單ニ樞密顧問官タルニ過ギズト雖モ、其ノ憲法的默契ニ依ル政治的地位ハ國務大臣トシテ責任內閣ノ構成ヲ爲シツヽアルモノナリ。

英國王ハ內閣員ノ手ヲ經ルニアラザレバ一切ノ行政權ヲ行使スル能ハズ。大臣ノ輔弼又ハ副署ナキ國王ノ行爲ハ毫モ其ノ效力ヲ認メラル、コトナシ。蓋シ英國ニ於テハ立法權ハ國會ガ行ヒ、行政權ハ內閣員ノ行フ所ニシテ、國王ハ大臣ノ任免國會ノ召集等單ニ形式的名譽的政務ノ一部ニ携ハルニ過ギズ。故ニ英國ノ內閣員ハ國王ヲ輔弼シ又ハ文書ニ副署スト云フモ實際ハ自ラ行政權ヲ掌握シツ、アルモノナリ。假リニ國王ヨリ大臣ニ副署ヲ迫ルモ大臣ニシテ之レヲ欲セザレバ拒絕スルコトヲ得可ク、又補弼ノ責任ヲ免ル、コトヲ得ルナリ。英國ノ此ノ總テ行政權ハ大臣ノ手ヲ經テ行ハザル可カラザルコト、大臣ノ副署ナキモノハ憲法上效力ナキコトトハ特ニ憲法明文ノ規定ヨリ來リシニ非ズシテ、慣習的ニ發達セシ英國獨得ノ默契ニシテ、今日ニ於テハ既ニ動ス可カラザル憲法上ノ原則ヲ爲スニ到レリ。

英國ノ內閣員ハ主トシテ國會ニ對シテ責ヲ負フモノナリ。然レドモ已ニ述ベタルガ如ク大臣任免ノ權ハ國王ノ有スル所ナリ、隨テ國王ニ對シテモ法律上ノ責任アリト解スルヲ至當ト信ズ。實例トシテハ千八百一年ニ小「ピツト」宰相タリシトキ、羅馬舊敎徒ノ議員タルヲ得ザル禁令ヲ解カントシテ、豫メ之レヲ國王ニ謀ラザリシ爲メ信任ヲ失シ職ヲ辭シタル如キ、又千八百五十一年ニ「パルマーストン」卿ガ國王ノ許可ナク外國駐在公使ニ訓令ヲ發シタル爲メ職ヲ免ゼラレタル如キ是レナリ。而シテ內閣員ハ常ニ行政上ノ問題ヲ國王ニ奏上スル義務アルノミナラズ、國會兩院ノ開會中ハ每日議事ノ經過ヲモ報告セザル可カラザルナリ。英國ノ內閣員ハ又國會ニ對シテモ法律上ノ責任ヲ有ス。卽チ內閣員ニシテ不正ノ事アラムカ、庶民院ハ內閣大臣ヲ議會ニ於テ彈劾スルコトヲ得、而シテ庶民院ノ彈劾ニシテ可決サレンカ、庶民院ヨリ之レヲ貴族院ニ向テ告發ス、此ノ場合ニ於テ貴族院ハ彈劾裁判所ノ地位ニ立ツテ事件ノ裁判ヲ爲スモノナリ、旣ニ其ノ閣員ノ有罪ナルコトヲ決定シタルトキハ之レヲ庶民院ニ通牒シ、庶民院ノ要求ヲ待テ判決ヲ執行ス。此ノ場合ニハ民、刑上ノ所罰ヲ受クルノミナラズ、併テ總テノ官職ヲモ剝奪セラル丶モノナリ。嘗テハ之レニ依リ死刑ヲ執行セラレタル者スラアリシト雖モ、今日ニ於テハ大臣ノ國會ニ對スル政治的責任ノ觀念著シク發達シタルヲ以テ、彈劾裁判ハ實際上行ハル丶コトナキニ至レリ。而シテ內閣ノ國會ニ對スル政治的責任ノ釋然タルガ英國憲法ノ特質ニシテ、英國ニ於テハ旣ニ一度國會ガ內閣不信任ノ決議ヲ爲スカ、又ハ內閣ノ政策ニ關スル重要ナル議案ガ國會ニ於テ否決セラレンカ、內閣ハ總辭職ヲ爲スカ否ラザレバ國會、ヲ解散シテ之レヲ國民ニ訴ヘザル可カラズ。解散後ノ總選擧ニ於テ政府黨議員多數ナラムカ、內閣ハ依然トシテ其ノ職ニ止マリ得ルモ、若シ少數ナラムカ直ニ辭職シテ反對黨ノ首領ヲシテ內閣ヲ組織セシメザル可カラズ、是ノ場合ニ於テ國會ヲ再ビ解散スル如キハ英國憲法ノ許サヾル所ナリ。又政府反對黨ト雖モ、自己ノ黨派ニ於テ內閣ヲ組織シ得ル準備アルニ非ザレバ、無暗ニ政府反對ノ態度ヲ採ルコトナク、徒ニ政界ヲ混亂セシムル如キコトハ英國政治家ノ敢テ爲サヾル所ナリ。而シテ此ノ英國內閣ガ國會ノ不信任ニ依リ辭職ス可キ慣例ハ、下院卽チ庶民院ニ信ヲ失ヒタルトキノコトニシテ、貴族院ト內閣ト意見ノ衝突アリ、庶民院ガ內閣ノ意見ニ贊成スルトキハ、內閣ハ國民ニ訴ヘル爲メ二回以上ト雖モ庶民院ヲ解散スルコトヲ得可ク、又此ノ場合ニ內閣ハ貴族院ノ改造ヲモ爲スコトヲ得ルナリ。終リニ蒞ミ一言ス可キハ英國內閣員ノ責任ハ連帶ナルコト當然ニシテ、今日ニ於テハ何人モ之レヲ疑フ者ナキコト是レナリ。

米國ノ內閣員

米國憲法ニ於テハ行政權ノ行使ハ總テ之レヲ大統領(The President)ニ委任セリ、隨テ行政上ニ關スル全責任ハ大統領一人ニ於テ之レヲ負擔ス可キナリ。而シテ國務大臣ナルモノハ憲法上全ク其ノ存在ヲ認メラルヽコトナク、各省ノ行政長官ハ通常之レヲ內閣員ト稱スルモ法律上內閣(Cabinet)ノ構成ヲ爲スモノニ非ズ。故ニ米國內閣員ノ法律上ノ地位ハ大統領ノ高等祕書役(The Secretary)タルニ過ギザルナリ。米國ニハ既ニ國務大臣ナシ、從テ憲法上大臣ノ責任ナル觀念ノ存在ス可キ理由ナシ。唯ダ大統領モ其他ノ官吏モ不正行爲アルトキハ代議院(下院)ニ於テ彈劾セラレ、元老院(上院)ニ於テ裁判セラル丶コトアルモ、之レ國務大臣トシテ來ル責任ニ非ズシテ、一般官吏トシテ負フ所ノモノタルニ過ギズ。以上ノ外米國ノ內閣員ニツキテハ憲法上何等說明ス可キ事項ノアルコトナシ。

第三節　樞密顧問

憲法第五十六條ハ『樞密顧問ハ樞密院官制ノ定ムル所ニ依リ天皇ノ諮詢ニ應ヘ重要ノ國務ヲ審議ス』ト規定セリ。今之レヲ歐洲ノ歷史ニ視ルニ、樞密顧問ナルモノハ中古專政時代ニ於ケル國王輔佐役ノ遺物ニシテ、今日ニ於テハ全ク之レヲ廢止セシカ、否ラザレバ單ニ其レガ名目ノミノ存在スルニ過ギザルノ狀ニアリ。我國ニ於テハ始メ憲法草案討議ノ爲メニ設ケラレタリト雖モ、遂ニ憲法上天皇ノ諮詢機關トシテ存置セラルヽニ至レリ。

樞密顧問ノ地位

樞密顧問ノ憲法上ノ地位ハ天皇ノ諮詢ニ應ヘルニアリ、故ニ國務大臣ノ如ク自ラ進デ意見ヲ奏上スルモノニアラザルナリ。國務大臣ハ施政ノ衝ニ當ルト雖モ、樞密顧問ハ諮詢ニ應ヘルノミヲ任務トシ毫モ施政ニ携ルニアラズ。而シテ其ノ諮詢ニ應ヘルニモ各自ニ應ヘルニ非ズシテ多數ノ決議ニ由リテ爲スモノナリ。顧問官ノ定員ハ議長、副議長ノ外二十八名ナリ、而シテ國務大臣モ出席シ評決ニ加ハリ得ルモ、顧問官ノ數ガ國務大臣ノ數ヨリ少ナキ場合ニハ議事ヲ開クコトヲ得ザルナリ。

樞密顧問ノ職權

樞密顧問ハ重要ノ國務ヲ審議スルヲ任トス。而シテ其ノ範圍ハ單ニ行政上重要ノ事ノミナラズ、皇室ニ關スル事ト雖モ又之レガ審議ヲ爲スコトヲ得。然レドモ樞密顧問ハ單ニ諮詢機關ナルヲ以テ、唯ダ他動的ニノミ働キ得ルニ過ギザルモ、其ノ攝政ヲ置ク可キ場合又ハ攝政ノ順序ヲ變更スル場合等ニハ、天皇ノ大政ヲ覽ハス能ハザル時期ナルヲ以テ御諮詢ヲ待タズ、自ラ進デ決議ヲ爲シ得ルナリ。

英國ノ樞密顧問官

米國ハ民主國ナルヲ以テ樞密顧問ナル專政時代ノ歷史的遺物ノ存在スルコトナシ。英國ニ樞密顧問官ノアルコトハ既ニ國務大臣ノ章ニ於テ述ベタルガ如シ、然レドモ英國ノ樞密顧問官ハ今日ノ內閣員ノ班ニ列セラルヽモノ及ビ司法委員ニ席ヲ有スルモノヽ外ハ、全ク有名無實ニシヲ何等國務上ノ容喙權アルコトナシ。蓋シ樞密顧問官ハ國王ノ權力强大ナリシ時代ニアリテハ、政治上相當ノ行動ヲ爲シ得タリトスルモ、王權既ニ失墜シテ國政ハ擧ゲテ國務大臣ノ手ニ由リ施行セラルヽ時ニアリテハ、國王ヨリ何等ノ諮詢ヲ爲ス要ナク、又其ノ事項モ存在セザルナリ。司法委員ノコトニツキテハ之レヲ後章英國司法權ヲ論ズル際ニ述ベン。然リ而シテ英國内閣員ガ一方ニ於テ樞密顧問官タル法律上ノ資格ヲ有スルコトハ之レ又忘ル可カラザルノコトナリ。

裁判所ノ地位

第三章 裁判所

裁判所トハ司法權ヲ行フ憲法上ノ機關ヲ謂フ。憲法第五十七條ハ『司法權ハ天皇ノ名ニ於テ法律ニ依リ裁判所之ヲ行フ』ト規定セリ。裁判所ハ天皇ノ名ニ於テ司法權ヲ行フナリ。裁判所ハ法律ニ依リ司法權ヲ行フナリ。而シテ法律ニ依リ行フトハ司法權ノ獨立ヲ意味シ、天皇ノ名ニ於テ行フトハ司法權其ノモノハ天皇ノ有スル所ニシテ、裁判所ハ單ニ其ノ作用ヲ掌ルニ過ギザルコトヲ意味ス。往昔立憲ノ制度未ダ備ハラザルノ時代ニアリテハ、民、刑裁判ノ事務ト行政ノ事務トノ區別ナク、同一機關ノ下ニ取扱ハレシヲ常態トセリ。然レドモ權力ノ分立ハ立憲政體ノ要求ニシテ、政府ノ外ニ裁判所ヲ獨立セシムルコトハ近世憲法ノ大則ナリ。我憲法第五十七條ノ規定アル蓋シ當然ノ順序ナリ。

司法權ノ意義

司法權トハ民事刑事ノ裁判ヲ爲ス主權ノ作用ヲ謂フ。同ジク裁判ト云フモ行政裁判、懲戒裁判、其他特別裁判ハ我憲法ノ解釋トシテハ司法權中ニ包含セラレザルナリ。之レヲ歐洲古來ノ沿革ニ鑑ミルニ「ゲルマン」法主義ニ於テハ民、刑裁判ト特別裁判トノ區別ヲ爲サズ、同ジク司法ノ名ノ下ニ同一裁判所ニ於テ取扱ハシムルモノニシテ、今日ノ英國裁判制度即チ是レナリ。羅馬法主義ニ於テハ兩者ヲ劃然ト區別シ、司法トハ單ニ民、刑裁判ヲ稱スルノミニシテ、今日ノ佛國裁判制度即チ是レナリ。我憲法モ此ノ佛國制度ニ倣ヒシモノナリ。

司法權ニハ又實質上ノ意義ト形式上ノ意義トノ別アリ。實質上ノ意義ニ於テハ民事刑事ノ裁判ノミヲ謂フト雖モ、形式上ノ意義ニ於テハ司法裁判所ニ於テ取扱フ登記事務、執達吏事務、檢事局及辯護士事務ヲモ包含ス。

司法權ハ政府ニ獨立ナルヲ特質トス。而シテ此ノ獨立ノ原則ハ之レヲ左ノ二方面ヨリ觀察スルコトヲ得。

(一)裁判官ノ職務ノ獨立、裁判ノ職務ハ獨立ナリ。卽チ法律ニ依リテノミ事柄ノ判斷ヲ爲ス可クシテ、上官其他何人ヨリモ指揮命令ハ勿論、干渉ヲモ受クルモノニアラザルナリ。而シテ法律ニ依ルトハ單ニ形式的法律、卽チ議會ノ協贊ヲ經テ成立セル法律ノミナラズ、命令又ハ慣習等ヲモ包含スルヲ以テ、此所ニ所謂法律トハ實質的ノ法律、卽チ一般ノ法規ヲ指スモノト解ス可キナリ。

裁判官ガ法規ノ適用ヲ爲スニ當リ、形式的法律ニツキテハ裁可、公布、大臣ノ副署等一定ノ形式サヘ備フレバ實質ノ如何ニ拘ハラズ必ズ之レヲ適用ス可キ義務ヲ負フモノナリト雖モ、命令及慣習等ニツキテハ單ニ形式ノ完備セルノミナラズ、實質ガ憲法又ハ形式的法律ニ抵觸セザルヤ否ヤヲモ審査シタル上ニアラザレバ適用ヲ爲スコトヲ得ズ。乃チ裁判官ハ命令ニツキテハ其ノ内容ノ適法不適法ヲモ審査スル權限ヲ有スルナリ。

（二）裁判官ノ地位ノ獨立、　憲法第五十八條ハ『裁判官ハ法律ニ依リ定メタル資格ヲ具フル者ヲ以テ之ニ任ズ、裁判官ハ刑法ノ宣告又ハ懲戒ノ處分ニ由ルノ外其ノ職ヲ免ゼラルヽコトナシ、懲戒ノ條規ハ法律ヲ以テ之ヲ定ム』ト規定セリ。是レ卽チ地位ノ保障ヲ爲シタルモノニシテ、第一ニ其ノ任命ハ必ズ法律ニ定メタル資格ヲ具フル者タルヲ要ス、現行裁判所構成法第二編ノ規定是レナリ。一般ノ行政官ハ其ノ任用資格ヲ命令ヲ以テ定メラルヽヲ以テ、裁判官トハ大ニ其ノ趣ヲ異ニス。第二ハ裁判官ハ刑罰又ハ懲戒處分ニ由ルノ外免官セラルヽコトナシ。卽チ裁判官ハ終身官ナリ、故ニ一般行政官ノ如ク何時ニテモ免官又ハ休職セシメラルヽコトナシ。第三ニ裁判官ハ本人ノ意思ニ反シテ轉任セシメラルヽコトナシ。以上ノ事項ニ由リ裁判官ノ地位ノ獨立ガ保障セラルヽト共ニ、牽テ又司法權ノ獨立モ期待セラル可キナリ。唯ダ注意ス可キハ、裁判官モ官吏ナルヲ以テ天皇ノ任命ニ基クハ勿論ナルモ、政府ノ不當ナル干渉ヲ避ケシムル爲メ地位ノ保障ヲ爲スヲ憲法ノ精神トス。

對審判決ノ公開

『裁判ノ對審、判決ハ之ヲ公開ス、安寧秩序又ハ風俗ヲ害スルノ虞アルトキハ法律ニ依リ、又ハ裁判所ノ決定ヲ以テ對審ノ公開ヲ停ムルコトヲ得』トハ憲法第五十九條ノ規定ナリ。是レ司法權ノ獨立ト共ニ裁判ノ公平ヲ期スル爲メニ設ケラレタルモノナリ。

裁判所ノ構成

裁判所ハ區裁判所、地方裁判所、控訴院、大審院ヨリ成ル。區裁判所ハ單獨判事ニシテ、輕易ナル民、刑事件及非訟事件ヲ取扱フ。地方裁判所ハ三人ノ判事ノ合議制ニシテ、區裁判所ニ屬セザル民、刑事件一切及區裁判所事件ノ控訴、抗告ヲ掌ル。控訴院ハ同ジク三人ノ判事ノ合議制ニシテ、地方裁判所ガ第一審タル事件ノ控訴、抗告並ニ皇族ニ對スル民事訴訟ヲ掌ル。大審院ハ最高裁判所ニシテ五人ノ判事ノ合議制ナリ、而シテ一切ノ上告事件並ニ天皇、皇后、皇族ニ對スル刑事々件ノ豫審及裁判ヲ掌ルモノナリ。

各裁判所ニハ檢事局ヲ附置ス。檢事ハ刑事々件ノ公訴ヲ起シ、其ノ必要ナル手續及判決ノ執行ヲ爲スモノナリ。其他執達吏ハ裁判所ヨリ發スル文書ノ送達及民事判決ノ執行ヲ掌リ。辯護士ハ訴訟當事者ノ委任ニ依リ、又ハ裁判所ノ命令ニ依リ訴訟事件ノ取扱ヲ爲スモノナリ。

英國ノ司法制度

英國裁判所ノ組織ニ於テハ、政府及國會トノ關係ガ我憲法ノ如ク劃然タラズ。卽チ司法部最高ノ裁判權ハ樞密院ノ司法委員會及貴族院ノ有スル所ナリ。而シテ英國ノ裁判所ノ組織ハ最高等法院アリテ其ノ内ニ高等法院及控訴院ヲ置キ、別ニ州裁判所、四季總會及治安裁判官アリテ輕易ノ民刑事件ヲ掌ル。蘇格蘭ニハ別ニ又高等民事裁判所及刑事高等法院アリテ英蘭ノ最高等法院ト同等ノ地位ニ在リ。

最高等法院(The Supreme Court of Judicature)ハ千八百七十三年ノ裁判所構成法(Judicature Act)ニ由リ組織セラルヽモノニシテ、高等法院及控訴院ノ二部門ヨリ成ル。

(一)高等法院(The High Court)ニ於テハ重要ナル民、刑事件ノ初審及下級法廷ヨリノ民刑控訴事件ノ取扱ヲ爲ス。而シテ高等法院ノ法廷ハ三部ニ分ル。

一、衡平法廷(The Court of Chancery)。

二、王室裁判廷(The King's Bench)此ノ内ニハ往時ノ普通法廷(The Common Bench)及政府徵税ニ關スル法廷(The Court of Exchequer)ヲ包含ス。

三、遺書、婚事及海事裁判廷(The Court of Probate, for Divorce and Matrimonial

Causes, Admiralty)。

(三)控訴院(The Court of Appeal)ハ高等法院ノ民事訴訟ノ控訴及法律問題ニ屬スル刑事判決ニ就テノ控訴ヲ裁判ス、但シ例外トシテ瘋癲事件、破產事件ニツキテハ高等法院外ノ法廷ノ控訴ト雖モ取扱フモノナリ。

高等法院ノ三部ハ各其ノ裁判官ヲ異ニス。衡平法廷ハ大法官(The Lord Chancellor)ト五名ノ判事ヨリ成リ、王室裁判廷ハ英國大裁判長(The Lord Chief Justice England)ト四名ノ判事ヨリ成リ、遺書、婚事及海事裁判廷ハ二名ノ判事ヨリ成ル。控訴院ハ記錄官長(Master of the Roll)ト評定官(The Lord Justice)ヨリ成ル。

高等法院ハ巡回裁判廷(The Circuit Court)ヲ開廷ス。則チ每年一定ノ時期ニ於テ高等法院ノ判事ガ地方各州ニ出張シテ高等法院ニ於テ取扱フ可キ事件ヲ取扱フ、蓋シ訴訟關係人ノ便宜ヲ計リシモノナリ。故ニ巡回裁判所ノ裁判ハ高等法院ノ裁判ト同一ニ看做サルルナリ。

州裁判所(The Local Court of Record)ハ千八百四十六年ノ州裁判所條例(County Court Act)ニ由リテ設ケラルヽ所ニシテ單獨判事ナリ、輕易ナル民事々件ヲ取扱フモノトス。

四季總會(Quater Session)及治安裁判官(Justice of Peace)ハ共ニ輕微ナル刑事々件ヲ取扱フモノナリ。治安裁判官ハ常任又ハ名譽判事ヲ以テ組織セラル、而シテ即決裁判及豫審調ヲ掌ル。犯罪ニシテ即決法ニ依リ處斷シ得ザルモノハ必ズ豫審ヲ經ルコトヲ要ス、此ノ場合ニハ治安裁判官主宰ノ下ニ大陪審官ヲ以テ公訴ヲ提起ス可キヤ否ヤヲ審判ス、若シ公訴シ訴追ス可キモノト決定スルトキハ、之レヲ四季總會又ハ巡回裁判官ニ移送スルモノナリ。

四季總會ハ毎年四回同一州内ノ治安裁判官相會シテ一ツノ法廷ヲ開キ、陪審官ト共ニ稍々重キ犯罪ニツキ正式ノ公判ヲ開キ、又ハ治安裁判官ノ即決裁判ニツキテノ控訴ヲ取扱フモノナリ。

以上ハ英蘭ニ於ケル裁判組織ノ大要ナリト雖モ、蘇格蘭ニハ別ニ高等民事裁判所(The Court of Session)及刑事高等法院(The High Court of Justiciary)アリテ英蘭ノ最高等法院ト同一ノ地位ニアリ。其他下級ノ民刑裁判所モ蘇格蘭ハ別系統ニ於テ組織セラル、ナリ。

英國憲法上司法部ノ組織ニツキ最モ注意ス可キハ、最終上訴法廷トシテ貴族院及樞密院司法委員會ノ存スルコト是レナリ。

(一)貴族院(House of Lord)。

英國ノ貴族院ハ立法權ニ與ルノミナラズ、貴族ヲ審判スル刑事法廷タルコト、王國內ニ於ケル至高裁判所タルコトトノ司法權ヲ有スルナリ。

一、貴族ヲ審判スル刑事法廷トシテハ、貴族ノ犯シタル叛逆罪、重罪及其ノ隱匿罪ノミニツキ行ハル、モノナリ。此ノ場合ニ於テ國會開會中ナレバ、國王ヨリ臨時ニ選任セラレタル貴族審判長（Lord High

Steward)臨時議長ト爲リ、貴族院議員全部及諸高等法院判事出席シテ過半數ヲ以テ有罪無罪ヲ決スルナリ。但シ僧侶貴族ハ評決權ナシ。若シ又此ノ場合ニ於テ國會停會中ナラムカ、貴族ノ是レ等ノ犯罪ハ貴族審判院(The Court of Lord High Steward)ニ於テ審判セラル、ナリ。此ノ法廷ニ於テハ貴族審判長ガ判事ト爲リ、貴族院議員全部ガ陪審官ト爲リテ裁判スルナリ。而シテ是レ等ノ判決ニ對シテハ控訴ノ途アルコトナシ。

二、王國內ノ至高裁判所(The Supreme Court)トシテハ、英蘭ニ於ケル國王ノ控訴院ノ覆審判決ニツキテノ上訴及蘇格蘭、愛爾蘭ノ法廷ノ判決ニシテ千八百七十六年十月三十一日當時ニ於テ、法律又ハ慣習ニ依リ貴族院ニ上訴シ得可カリシ事件ノ判決ニツキ、孰レモ訴願ノ手續ニヨリ上訴セラレタルトキニ之レヲ審判ス可キモノナリ。此ノ場合ニハ大法官(The Lord Chancellor)司宰者ト爲リ、貴族院議員全部ヲ陪審官トシ過半數ヲ以テ決ス。但シ必ズ法務貴族(The Lords of Appeal in Ordinary)三名以上ノ出席アルコトヲ要スルナリ。若シ亦國會停會中ナルトキハ特ニ其レガ爲メ開會ス可キモノニシテ、國王ノ命令アレバ法務貴族ノミヲ以テモ貴族院トシテ至高裁判所ヲ構成スルコトヲ得ルナリ。

(二)樞密院司法委員會(The Judicial Committee of the Privy Council)。樞密院ノ司法委員ハ樞密顧問官ヨリ特ニ選バルヽモノナリ、卽チ大法官及現ニ高等司法官ノ職ヲ奉ジ又ハ曾テ奉ジタルコトアル顧問官、及其他二名ノ顧問官ヲ以テ組織セラルヽ、亦印度若クハ他ノ殖民地ニ於テ高等司法官ノ職ヲ奉ジタル顧問官中ノ二名モ委員會ニ座席ヲ有スルナリ。此ノ委員會ニ於テ取扱フ可キ事件ハ『カンタベリー』(Canterbury)ニ於ケル『アーチス』裁判所(The Court of Arches)及國外各殖民地ノ法廷ヲ經テ請願ノ手續ニ依リ上訴セラルヽ事件、及國內ニ於テ特ニ裁判管轄ノ定メナキ訴訟、並ニ國王ヨリ臨時ニ定メラルヽコトアル事件ニツキ之レヲ審判スルナリ。

英國司法部ノ特質ハ陪審制度ナリ、其ノ運用ノ妙ト、國民ノ信頼ノ厚キトハ他ニ亦其ノ例ヲ見ザル所ナリ。詳細ハ乞フ是レヲ米國ノ司法制度ヲ論ズル際ニ併テ説明セン。

英國ノ判事モ終身官ニシテ、一般行政官ト異リ濫リニ解職、減俸セラルヽモノニ非ズ。然レドモ少シク注意ス可キコトハ、國王ノ任免權ノ外ニ國會兩院ヨリ申請セラルヽトキハ判事ト雖モ職ヲ免ゼラルヽコト是レナリ。之レ英國ガ國會ノ權力ヲ餘リニ過大ナラシメシニ出シ結果ナリ。

又英國ノ司法制度ハ『ゲルマン』法主義ヲ採用シ、單ニ民、刑事件ノミナラズ、他國ニ於テハ特別裁判所ノ管轄ニ屬ス可キ事件迄デ司法裁判所ニ屬セシメタルコトハ已ニ述ベタルガ如シ。然カノミナラズ、司法權ト政府及國會トノ關係甚ダ混雜シテ、裁判ノ公平ト獨立トハ得テ期ス可カラザルガ如シト雖モ、由來英人ハ正義ト名譽トヲ重ズルノ民ナリ、隨テ司法官其人モ法律ノ解釋及運用ヲ正義ト自己ノ名譽トニ於テ爲スノ念鞏固ナルヲ以テ、毫モ裁判ノ公平ト獨立トヲ缺クノ恐レアルコトナシ。是レ英人ノ特長ニシテ、英國ノ立憲政治ガ宇内ニ冠絶スルモ蓋シ此所ニ在リテ存スルナリ。

米國ノ司法制度

米國憲法ハ三權分立ノ主義ヲ最モ嚴明ニ規定セルモノナリ。隨テ裁判所ト政府ト議會トノ關係ハ互ニ併立シテ相侵スコトアルナシ。

米國憲法第三條一項ハ、

『合衆國ノ司法權ハ一ツノ高等法院及議會ガ必要ニ應ジテ時々設定スル所ノ下級裁判所ニ專屬ス、高等法院及下級裁判所ノ判事ハ品行方正ナル間ハ終身其ノ職ヲ保チ、又一定ノ時ニ報酬ヲ受ケ而シテ在職中減俸セラル丶コトナカル可シ』

ト規定セリ、是レ卽チ裁判所ノ組織及判事ノ獨立ヲ規定セルモノナリ。米國裁判所ハ性質上合衆國裁判所(The Court of National)及州裁判所(The Court of State)ニ分レ、高等法院(Supreme Court)巡回裁判所(Circuit Court)控訴院(Court of Appeal)地方裁判所(District Court)ヨリ成立ス。而シテ高等法院ハ憲法上ノ裁判所ナルヲ以テ、憲法ノ變更セラレザル限リハ何者モ其ノ組織及權限ヲ動カス能ハズ。其他ノ裁判所ハ議會ノ立法權ニ由リ設ケラルルモノナルヲ以テ、其ノ變更及存廢ハ議會ノ自由ナリ。而シテ其ノ構成及權限ノ細則等ハ主トシテ之レヲ各州ノ立法部ニ委任セラレツ、アリ。

高等法院判事ハ大統領ガ元老院ノ同意ヲ得テ任命スル所ニシテ、下級裁判所判事ハ各州知事ノ任命又ハ其他ノ方法ニ依ルト雖モ、其ノ一旦職ヲ奉ジタル以上ハ終身官ニシテ、品行ノ方正ヲ缺クコトナキ間ハ罷免又ハ減俸セラルヽコトナシ。今日ニ於テハ立憲各國ノ法官ハ終身官ナルヲ以テ原則ト爲シツヽアルモ、今ヨリ百三十年以前ニ既ニ此ノ大原則ヲ憲法上定メタルハ獨リ米國アリシノミナリキ。然レドモ米國ハ民主々義ノ國ナルヲ以テ「判事ト雖モ議會ヨリ彈劾セラルヽトキハ職ヲ奪ハルヽコトハ已ニ議會ノ權限ノ章ニ於テ論ジタルガ如シ。

米國憲法第三條二項ハ

『司法權ハ此憲法ト合衆國ノ法律及已ニ締結シ又ハ將來締結セラルヽ可キ條約ヨリ起ル所ノ法律上及衡平法上ノ總テノ事件、全權大使其ノ他外交官ニ關スル事件、海上裁判事件、合衆國ガ一方ノ當事者タル訴訟、州ト州トノ訴訟、一州ト他州ノ市民トノ訴訟、異州市民間ノ訴訟、他州ノ免許ニ依リ土地ヲ請求スル同州市民間ノ訴訟、及一州又ハ其ノ州ノ市民ト外國又ハ其ノ國民トノ訴訟ニ及ブモノトス』

ト規定セリ。此レ合衆國トシテ有スル司法權ノ範圍ヲ制限的ニ定メタルモノナリ。其レ以外ノ一般司法權ハ之レヲ各州ノ主權ニ讓ルヲ以テ憲法ノ精神トス。

高等法院ノ權限ハ第一審裁判所トシテハ(一)全權大使其他外交官ニ關スル事件(二)一州ガ一方ノ當事者タル事件ニツキテノミ管轄權ヲ有シ、其他ハ前記憲法第三條二項ニ制限的ニ列記セル關係事件ノ法律問題及事實問題ニツキテノ上訴裁判所ナリトス。

下級裁判所ノ權限ハ議會及各州立法部ノ制定法ニ依リ定マルモノナリ。

合衆國ノ司法權ノ範圍及高等法院ノ權限ノ範圍ヤ夫レ斯ノ如シ。而シテ米國憲法ヲ論ズルニ當リ忘ル可カラザルハ、米國ノ高等法院ハ憲法最上ノ解釋權ヲ有スルコト是レナリ。由來米國ハ民主國ニシテ、合衆國々家ハ合衆國憲法ノ存在スルニ由リ初メテ其ノ存立ヲ完フスルモノナリ。随テ此ノ憲法ハ、獨リ存スル憲法改正會議ヲ除キテハ合衆國中ノ何者モ之レヲ改廢スルノ權力ヲ有スルコトナシ。然ラバ此所ニ起ル問題ハ、若シ憲法ノ解釋ニツキ疑義ヲ生ジ、議會ト政府ト裁判所ト各々其ノ解釋ヲ異ニシタルトキハ如何ナル方法ニ依リ之レヲ解決ス可キカ、例ヘバ議會ノ立法行爲、又ハ政府ノ行政處分ニ違憲ノ疑ヒアルトキノ解決方法如何ト云フニ、此ノ場合ニ高等法院ハ憲法最上ノ解釋權ヲ有シ、議會ノ作成セル法律ガ違憲ナルヲ以テ無效ナリトシ、又ハ政府ノ行政處分ガ違憲ナルヲ以テ無效ナリトストノ判決ヲ爲スコトヲ得ルナリ。勿論其ノ法律ノ無效ナル旨ヲ裁判スル場合ニ於テモ或ル訴訟事件ニ法規ノ適用ヲ爲スニ際シ、此ノ法律ハ違憲ナルヲ以テ無效ナリト言フニ過キズシテ、一般的ニ法律ノ無效ヲ宣言スルモノニ非ズト雖モ、既ニ一事件ノ裁判ニツキ高等法院ニ於テ無效ノ旨ヲ宣明セラレタル以上ハ、此ノ判決ニ基キ爾後ハ一般的ニ其ノ法律ヲ無效ト看ルコト米國憲法上ノ慣例ナリ。

米國ニ於テモ刑事々件ハ違警罪ヲ除キタル外全部、及ヒ民事々件ハ當事者ノ合意又ハ二十弗以下ノ請求ノ場合ヲ除キタル外ハ、總テ裁判ニ陪審官(Jury)ヲ用フルヲ憲法上ノ原則トス。今玆ニ英、米兩國ノ陪審制度ヲ一括シテ其ノ大要ヲ説明セン。

陪審制度ノ起因ヤ古クシテ學説區々ニ別レ今其ノ詳細ヲ知ルニ由ナシト雖モ、歐洲ニ於テハ中世以後、立憲政治ト派絡相通ジ相牽連シテ發達シ來リタルコトハ蓋シ疑ナキノ事實ナリ。今日ノ歐洲ニ於テハ、其ノ陪審官ヲ附ス可キ事件ノ範圍ノ廣狹、又ハ事實ノ認定及法規ノ適用トモ之レニ關與セシムルト否ト、各國多少ハ其ノ制度ニ差異アリト雖モ、英、米兩國ハ刑事民事共ニ陪審官ヲ附スルヲ原則トシ、唯ダ刑事ノ違警罪又ハ民事ノ小事件、及ビ特ニ當事者ノ合意アリタル民事々件等ノ除外例ヲ置クニ過ギズ。而シテ裁判ノ内容ニツキテハ、單ニ事實ノ認定ノミヲ陪審官ヲシテ為サシメ、法律ノ適用ハ判事ニ於テ之レヲ為スモノトセリ。

陪審官(Jury)ハ判事ニ非ズ、又常任ノ官吏ニ非ズ。每年其ノ裁判所管轄地內ノ相當ナル人民幾干ヲ選デ陪審官名簿ヲ作成シ、一訴訟事件ノ起ル每ニ陪審官名簿中ヨリ適當ナル人十二名ヲ選定シテ法廷ニ列席セシメ、判事ガ事件ノ審問、證據ノ取調等ヲ爲スヲ傍ラヨリ熟視セシメ、以テ裁判ノ基本タル事實ノ認定ヲ爲サシムルモノナリ。此ノ陪審制度ハ司法權ノ運用ニ民意ヲ容ル、ノ理想ニ出シモノニシテ、英、米兩國人ハ人權ノ保障ト政府ノ壓迫防止トガ是レ在ルニ由リ始メテ完キヲ得ルモノト看做シツ、アリ。我國ニ於テモ此ノ制度ノ採否ニツキ、目下朝野ノ識者間ニ論議セラレツ、アルノ狀ナリ。

統治權

第五編　統治ノ方法

第一章　總論

大日本帝國ハ萬世一系ノ天皇ノ統治スル所ナリ、即チ天皇ハ國ノ元首ニシテ統治權ノ總攬者ナリ。我憲法ノ解釋トシテ主權ノ天皇ニ在ルコトハ已ニ國體ノ章ニ於テ論ジタルガ如シ。夫レ玆ニ主權ト云ヒ統治權ト云フモ其ノ義全ク同一ニシテ、唯ダ是レヲ權力ノ本體ヨリ視ルトキハ主權ト爲リ、是レヲ權力ノ作用ヨリ視ルトキハ統治權ト爲ルニ過ギズ。

國ノ統治權ニシテ君主一人ノ專斷ニ行ハル丶トキハ專政々治ト爲リ、憲法ニ基キ三權分立ノ主義ノ明確ニセラル丶トキハ立憲政治ト爲ル。立憲政治ハ又法治ノ主義ト離ル可ラザル關係ヲ有ス、蓋シ三權分立ノ主義ハ立憲政治ノ經ニシテ、法治ノ主義ハ其ノ緯ヲ爲スモノナリ。我憲法第四條ハ『天皇ハ國ノ元首ニシテ統治權ヲ總攬シ此ノ憲法ノ條規ニ依リ之ヲ行フ』ト規定セリ、卽チ『此ノ憲法ノ條規ニ依リ之ヲ行フ』トハ統治權行使ノ形式ヲ定メタルモノナリ。

三權分立主義

我憲法ハ三權分立ノ主義ヲ採用ス、立法權、司法權、行政權ノ觀念卽チ是レナリ。而シテ立法權ハ議會ノ協贊ヲ經テ行ヒ、司法權ハ獨立ノ裁判所ヲシテ行ハシメ、行政權ハ國務大臣ノ輔弼ニ依リテ行ハル。是レ憲法上ノ大原則ニシテ且ツ憲法ノ生命ナリ。然レドモ玆ニ其ノ三權分立ト謂フモ、敢テ國ノ統治權(主權)ガ三個ニ分割セラルヽノ意ニ非ズ、統治權(主權)ハ唯一不可分ニシテ、且ツ最高ノモノナリ。故ニ三權ノ分立トハ單ニ統治ノ作用タル意思ノ分立ト看ル可キナリ。抑モ此ノ三權分立ノ主義ハ、十八世紀ノ始メニ佛國ノ「モンテスキユー」ニ唱導セラレシ以來、廣ク世界ヲ風靡シテ今日ニ到リシモノニシテ、十九世紀ノ下半ヨリハ獨逸ノ學者中或ハ多少ノ批難ヲ試ムルモノ無キニ非ズト雖モ、未ダ以テ其ノ大勢ヲ覆スニ足ラザルナリ。

立憲政治ハ三權分立ノ主義ト共ニ亦法治ノ主義ヲ離レテ存スル能ハズ。法治トハ國權ノ行動ガ必ズ法律、命令ノ規定スル所ニ依リテ行ハル、ノ意ニシテ、法規ヲ無視シテ自由裁量ヲ恣ニスルガ如キハ許サザルノ義ナリ。專政ノ世ニ權力濫用ノ弊多キハ全ク法治ノ主義ニ據ラザルニ基因ス。憲法ヲ定メテ統治權ヲ行フハ、其ノ事既ニ法治ノ主義ニ則ルナリ、更ラニ多クノ法律命令ヲ設ケテ、國政ノ一進一退悉ク法則ニ準據シテ行動セシムルコトヲ期スルハ、是レ法治ノ目的ニシテ立憲政治ノ理想ナリ。故ニ立憲國ニ於テハ法規ヲ定ムル立法權ヲ重視スルコト他ヨリ多シ、而シテ憲法ト法律ト命令トハ各其ノ形式及效力ノ輕重ヲ異ニシテ、互ニ相重複紛更スルコトナカラシメタリ。其ノ法規ノ輕重ニ關スル詳細ハ乞フ之レヲ後ニ立法權ヲ論ズル際ニ讓リテ此所ニ省略ス。

第二章　立法權

第一節　法

法ノ意義

人類ノ相集テ共同生活ヲ爲スヤ、其ノ各人間ニ爲ス可キコトト、爲ス可カラザルコトトヲ定ムルニアラザレバ到底秩序ヲ維持シテ共同生活ノ目的ヲ達スル能ハザルナリ。於是カ法則ノ必要ヲ感ジ、之レヲ定ムルノ觀念生ズ。古來法ノ本質ヲ言明スル學說多々アリト雖モ、未ダ以テ正鵠ヲ得タルモノトシテ普ク內外ニ許サレタルモノ、アルコトナシ、故ニ予ハ爰ニ最モ了解シ易クシテ、而シテ比較的弘ク行ハレツヽアル『法ハ主權者ノ命令ナリ』トノ說ヲ採用シ置カントス。

法ト道德トノ區別

同ジク共同生活ノ必要ニ出シト雖モ、法ト道德トハ其ノ性質ヲ異ニス。卽チ法ハ人ノ外部ニ於ケル行爲ヲ支配スルモノナリト雖モ、道德ハ人ノ內心ヲ支配スルニ過ギザルナリ。又法ハ國家ノ權力ヲ基礎トシテ存在スルモノナリト雖モ、道德ハ否ラザルナリ。夫レ法ト道德トハ斯ノ如キ差異アリト雖モ、此ノ兩者ハ必要ヲ同シ目的ヲ同ス、故ニ法モ道德ヲ離レテ存在スルコトナク、又道德モ法ト背反シテ走ルモノニアラザルナリ。

法ニハ種々ノ區別アリ、一、制定法ト慣習法、二、公法ト私法ノ區別ノ如キハ重要ナルモノナリ。制定法トハ國家ガ一定ノ手續ヲ以テ定メタル法則ノ謂ニシテ、慣習法トハ古來一般ノ慣習トシテ行ハレ來リシ爲メニ法タル效力ヲ有スルモノナリ。又公法トハ國家ノ權力關係ヲ定メタル法則ニシテ、私法トハ個人相互ノ平等關係ヲ定メタル法則ナリ。

憲法ハ制定法ニシテ且ツ公法ナリ。

法ハ又其ノ制定ノ形式ヨリ之レヲ法律ト命令トニ區別スルコトヲ

得。法律トハ天皇ガ帝國議會ノ協贊ヲ經テ制定スル法則ニシテ、命令トハ天皇ガ大權ニ基キ任意ニ制定スル法則ナリ。

命令ノ區別

命令ニツキテモ又種々ノ區別アリ。之レヲ制定ノ形式ヨリ區別スレバ、勅令、閣令、省令、府縣令、其他官廳ノ命令ト爲リ。又之レヲ內容ヨリ區別スレバ、緊急勅令、獨立命令、執行命令、委任命令ト爲ル。然レドモ命令ノ形式上ノ區別ハ餘リ重要ナラザルヲ以テ之レヲ省略シ、此所ニハ內容ヨリノ區別ニツキ一言セン。

(一)緊急勅令。緊急勅令ハ法律ニ代ルベキ命令ニシテ、憲法第八條ノ『天皇ハ公共ノ安全ヲ保持シ又ハ其ノ災厄ヲ避クル爲メ緊急ノ必要ニ由リ帝國議會閉會ノ場合ニ於テ法律ニ代ルベキ勅令ヲ發ス、此ノ勅令ハ次ノ會期ニ於テ帝國議會ニ提出スベシ若シ議會ニ於テ承諾セザルトキハ政府ハ將來ニ向テ效力ヲ失フコトヲ公布ス可シ』トノ規定ニ基キ發セラルヽモノナリ。隨テ此ノ勅令ヲ發スルニハ左ノ條件ヲ要ス、

一、議會ノ閉會中ナルコト二、公共ノ安全ヲ保持シ、又ハ公共ノ災厄ヲ避クル爲ニ必要ナルコト三、其ノ必要ガ緊急ナルコト是レナリ。本來臣民ノ權利義務ニ關スル事項ハ、立法事項トシテ議會ノ協賛ヲ經テ法律ヲ以テ定ムベキモノナリ、然レドモ前記ノ如ク、緊急ノ必要アル場合ニハ一時法律ニ代ルベキ勅令ヲ發シテ間ニ合セ、次期ノ議會ニ於テ其ノ承諾ヲ經可キモノト爲セシナリ。故ニ外國ノ學者中ニハ緊急勅令ヲ假法律ト稱スル者モアリ。次期ノ議會ニ於テ若シ承諾セザルトキハ此ノ勅令ハ將來ニ向テ效力ヲ失フモノナリ。爰ニ從來實例トシテ屢々起リツヽアル問題ハ、一度緊急勅令ヲ發シタルモ次期ノ議會前ニ其ノ勅令ヲ廢止シ終リタルトキハ議會ノ承諾ヲ要セザルヤ否ヤノコトナリ、予ハ此ノ場合ニモ猶ホ承諾ヲ要スルモノト解スルヲ正當ナリト信ズ。

(二)獨立命令。獨立命令ハ天皇ノ大權事項トシテ發セラルヽ命令ナリ、其ノ詳細ハ大權事項ヲ論ズルトキニ讓ラン。

(三)執行命令。此ノ執行命令ハ天皇ガ憲法第九條ノ規定ニ基キ法律ヲ執行スル爲ニ發スル命令ナリ、卽チ法律ハ已ニ議會ノ協贊ヲ經テ成立シタルヲ以テ、其ノ執行ノ手續規定ヲ定ムルガ此ノ命令ノ目的ナリ。故ニ此ノ命令ヲ以テシテハ、原法律ノ規定ニ牴觸スル事項ヲ定メ得ザルハ勿論ナリ。

(四)委任命令。委任命令ハ法律ヲ以テ或ル事項ニ關スル立法ヲ命令ニテ定ムルコトヲ委任セシ場合ニ發セラルヽモノニシテ、勅令ノミナラズ、閣令、省令、府縣令、其他ノ行政官廳ノ命令ハ此ノ委任ニ基キ發セラルヽモノナリ。臺灣律令、朝鮮總督府令ノ如キハ主ナル實例ナリ。此ノ委任命令ハ違憲ナルヤ否ヤニツキ學說分ルト雖モ、今日ノ實際ニ於テハ違憲ナラズトシテ取扱ハレツヽアルヲ以テ暫ク之レニ從ハン。

法律ト命令トノ輕重

各種ノ法律中憲法ハ最モ效力强ク、法律之レニ次ギ、命令ハ最モ弱シ、憲法ハ憲法改正ノ手續ニ據ルニアラザレバ何モノモ之レヲ動カス能ハズ。法律ハ命令ヲ以テ之レヲ變更セラルヽコトナシ。即チ法律ハ法律ニ依ルニアラザレバ改廢セラルヽコトナシ、而シテ舊法ト新法ト牴觸スルトキハ新法ガ效力ヲ有スルナリ。命令ニツキテハ天皇ノ大權事項ニ屬スル獨立命令ハ、立法事項トハ自ラ其ノ範域ヲ異ニシ、隨テ法律ト命令トノ牴觸ヲ想像スル餘地ナシト雖モ、其ノ他ノ命令ニツキテハ若シ法律ト命令ト衝突スルトキハ、命令ハ常ニ法律ノ爲メニ其ノ效力ヲ變更セラルヽモノナリ。其ノ制定ガ法律ヨリ前ナルト後ナルトハ問フ所ニ非ザルナリ。

立法權ノ意義

第二節　立法權ノ意義及範圍

憲法第五條ハ『天皇ハ帝國議會ノ協賛ヲ經テ立法權ヲ行フ』ト規定シ、又第三十七條ハ『凡ソ法律ハ帝國議會ノ協賛ヲ經ルヲ要ス』ト規定セリ、是レ立法權行使ニ關スル憲法上ノ大原則ヲ定メタルモノナリ。立法權ハ議會ノ協贊ヲ經テ行フト雖モ、其ノ權力ハ天皇ノ權力ニシテ議會ハ單ニ協贊ヲ爲スニ過ギザルナリ。協贊トハ天皇ト合意、合議、又ハ契約等ノ意ニ非ズ、單ニ議會ノ意思ノアル所ヲ表明スルニ過ギザルヲ以テ、天皇ガ之レヲ容レテ法律ト爲スヤ否ヤハ全ク其ノ自由ナリ。

元來法律ナル語ニハ廣狹二樣ノ意義アリ、狹義ニ於テハ單ニ議會ノ協贊ヲ經テ制定シタル法則ノミヲ指スニ過ギズ、而シテ學者ハ之レヲ形式的法律ト謂フ。廣義ニ於テハ前記形式的法律ノミナラズ勅令其他ノ一般ノ命令ヲモ包含スルモノナリ、學者ハ亦之レヲ實質的法律ト謂フ。今日法律學上ノ用語トシテハ、法律ト云ヘバ單ニ形式的法律ノミヲ指シ、實質的法律卽チ廣義ノ意ヲ表スニハ多ク法規又ハ法則ナル語ヲ使用スルヲ常例トス。而シテ憲法ニ所謂立法權トハ形式的法律ヲ定ムル權力ヲ指スモノニシテ、勅令其他ノ命令ヲ定ムル權力ハ其ノ

立法權ノ範圍

性質行政權ニ屬シ立法權中ニ包含セザルモノナリ。

立憲政體ノ本旨ヨリスレバ、一國ノ法規ヲ制定スルコトハ立法權トシテ總テ議會ノ協贊ヲ經タル法律ヲ以テ爲スヲ本則トス、外國ノ憲法ハ多クハ此ノ主義ニ據リ定メラレアリト雖モ、我憲法ハ國體其他ノ事情ヨリ特ニ憲法上大權事項ナルモノヲ列記シテ立法權ヨリ獨立セシメ、天皇ノ大權ニ基ク統治行爲トシテ處理セシムルノ方法ニ出デタリ、是レ外國ニハ多ク其ノ例ヲ見ザル所ナリ。然レドモ我憲法モ其ノ主義トシテハ立法行爲ハ總テ議會ノ協贊ヲ經テ爲スヲ原則トシ、例外トシテノミ勅令其他ノ命令發布權ヲ認メタルニ過ギズ。而シテ臣民ノ權利義務ニ關スル事項ハ比較的重要ナルヲ以テ、憲法第二章ハ之レヲ列記シテ必ズ法律ヲ以テノミ制定ス可キモノトセリ。茲ニ右憲法第二章ノ臣民ノ權利義務トシテ列記シタル事項ニモ、又大權ノ列記事項ニモ屬セザルモノアリ、學者ハ之レヲ中間事項ト稱ス、此ノ事項ハ立法

法律制定ノ手續

權ニ依ル法律ヲ以テモ、又行政權ニ依ル命令ヲ以ヲモ定メ得ルナリ。

法律ハ左ノ四段ノ手續ニ依リ制定セラル。

(一)法律案ノ提出。憲法第三十八條ハ『兩議院ハ政府ノ提出スル法律案ヲ議決シ及各々法律案ヲ提出スルコトヲ得』ト規定セリ。卽チ法律案ハ政府ガ提出權アルノミナラズ、貴、衆兩議院モ各々之レガ提出權ヲ有スルナリ、而シテ此ノ三者ノ權利ハ各平等ナルヲ原則トス。兩議院ノ一ニ於テ否決シタル法律案ハ同會期中ニ於テ再ビ提出スルコトヲ得ザルハ憲法第三十九條ノ示ス所ナリ。

(二)兩議院ノ議決。法律案ハ兩議院ノ可決ヲ經ルコトヲ要ス、兩議院ノ議決ハ相一致セザル可カラズシテ、各院各別ノ議決ヲ爲ストキハ法案トシテ成立スルモノニ非ズ。

(三)裁可。裁可ハ天皇ノ行爲ナリ。法律ハ裁可ニ由リテ成立スルナリ。兩議院ニ於テ議決シタル法律案ハ之レヲ最後ニ議決セシ議院ノ議長ヨリ國務大臣ヲ經由シテ奏上セラル、此ノ場合ニ天皇ガ之レヲ裁可シテ法律ト爲スヤ否ヤハ全ク自由ニシテ、何モノヨリモ牽制セラル可キモノニ非ズ。裁可ハ一般ニ對スル絕對ノ意思表示ニシテ、議會ニ對スル相對的ノ承諾ニハ非ザルナリ。

(四)公布。公布ハ裁可ニ由リ既ニ成立セル法律ヲ一般ニ向テ其ノ遵守ヲ命ズル公式ナリ。已ニ法律ハ成立スルモ、公布アルニ非ザレバ國民ハ遵守ノ義務ナキナリ。法律ノ公布ハ官報ニ掲載シテ爲サル、モノトス。

英米憲法上ノ立法權

英、米憲法ニ於ケル立法權ニ關スルコトハ已ニ屢々述べタル所ナルヲ以テ、茲ニハ英國ノ立法權ハ今日ニ於テハ名實共ニ全然國會ニ在リ、而シテ國會ハ單ニ法律ヲ制定シ得ルノミナラズ、憲法並ニ皇位確定法(Act of Settlement)ヲモ改廢シ得ルノ權力アルコトヲ注意シ。又米國憲法ハ其ノ第一章第一條ニ於テ『此憲法ニ於テ合衆國ニ附與シタル凡テノ立法權ハ元老院及代表院ヨリ成ル合衆國々會之ヲ行フ』トノ規定アリテ、三權分立主義ヲ嚴明ナラシムル爲メ、立法權ハ全然議會ノ掌握スル所ナルコトヲ一言スルニ止メン。

第三章　司法權及行政權

第一、司法權。

『司法權ハ天皇ノ名ニ於テ法律ニ依リ裁判所之ヲ行フ』トハ憲法第五十七條ノ規定スル所ナリ。司法權トハ民事、刑事ノ裁判ヲ爲ス權力ヲ謂フ。而シテ司法權ハ裁判所ノ行フ所ナリト雖モ、其ノ權力ノ天皇ノ統治權ニ屬ス可キコトハ敢テ論ヲ俟タズ、『天皇ノ名ニ於テ行フ』トハ蓋シ其ノコトヲ指スモノナリ。司法權ハ又獨立ナラザル可カラズ、政府ノ權勢ヲ以テ干渉スルガ如キハ許サヾル所ナリ。『法律ニ依リ裁判所之ヲ行フ』トハ獨立ノ意ヲ言明シタルモノナリ。此ノ司法權獨立ノ觀念ハ、臣民ノ權利自由ノ保障ト重大ナル關係ヲ有シ、立憲政治ノ命脈ノ寄リテ懸リツ、アル所ナリト識ル可キナリ。司法權ニ關スル詳細ナル說明ハ裁判所ノ章ニ於テ論ジタルヲ以テ爰ニ之レヲ略ス。

第二、行政權。

往昔專政ノ時代ニアリテハ、國家統治ノ作用ハ君主獨裁ノ下ニ總テ行政ノ目的ヲ以テ活動シタルモノナリト雖モ、王權漸ク衰ヘテ人民ノ權利思想發達スルヤ、君主ノ國政ヲ行フニハ必ズ一定ノ法規ニ準據セザル可カラザル觀念、卽チ法治主義ノ觀念ヲ生ズルニ至レリ。然レドモ立法ノコトヲ全ク君主ノ專斷ニノミ委スルトキハ、猶ホ濫權ノ恐レナキニアラザルヲ以テ人民自ラ之レニ參加スルノ思想ヲ生ジ、立法權ノ分立ヲ視ルニ至レリ。而シテ既ニ國政ハ人民ノ參加セシ法則ニ準據シテノミ行ハルモノトスルモ、是レガ解釋適用ヲ全ク君主ノ自由裁量ニノミ一委センカ、人民ノ權利自由ハ未ダ安全ナリト謂フヲ得ズ、於是カ司法權獨立ノ觀念ヲ生ズルニ至レリ。此ノ立法權ト司法權ニ行政權ヲ對立セシメ、茲ニ初メテ三權分立ノ主義明ニシテ立憲政治ノ基礎確立スルニ至リシモノナリ。右ノ事狀ヨリシテ行政權トハ、君主ノ統治權ヨリ立法及司法ニ關スル憲法上ノ制限ヲ除去シタル權力全體ノ稱ナリト謂フコトヲ得ルモノナリ。

我憲法ニ於テハ統治權ハ天皇ノ總攬シ給フ所ナリ。然レドモ憲法上天皇ガ統治權ヲ行使スルニハ必ズ憲法ノ條規ニ依ラザル可カラズ、隨テ天皇ノ有スル統治權ハ立法ニ關シテハ議會ノ協贊ヲ經ルコトヲ要シ、司法ニ關シテハ獨立ノ裁判所ニ依ラザル可カラザルノ制限ヲ受ク、此ノ二ツノ制限以外ノ天皇ノ有スル統治權ハ、全ク自由獨裁ナルヲ以テ學者ハ之レヲ天皇ノ大權ト稱ス。故ニ行政權ノ觀念ト學者ノ所謂大權ナル觀念トハ全ク同一ナリ。但シ一部ノ學者ハ反對說ヲ主張シテ、大權ハ立法權及司法權ト共ニ對立スル憲法上ノ權力ナリト雖モ、行政權ナル觀念ハ憲法上ノ意義トシテハ存在セズ、單ニ大權及立法權ノ下ニアル第二機關ノ國務執行ヽ爲ノ稱タルニ過ギザルナリト謂フ者アリト雖モ、是レ全ク無用ノ分類ヲ試ムルモノタルニ過ギズ。要スルニ所謂行政權ナルモノハ大權ノ延長ナリト視ルヲ穩當ナリト信ズ。詳細ハ天皇ノ大權トシテ之レヲ次章ニ論ゼン。

終リニ溢ミ一言スベキコトハ、行政權ハ君主國ニ於テハ君主ノ大權ニ屬スト雖モ、共和國ニ於テハ大統領ノ司ル所ナリ。而シテ本書ニ於テハ行政權中ヨリ特ニ天皇ノ大權事項ナルモノヲ抽出シテ、別ニ一章ヲ設ケテ詳論スルノ順序ニ出デタリ。英國モ君主國ナルヲ以テ國王ノ特權ヲ論ズルニハ我天皇ノ大權事項ト對照スルノ便利ナルヲ知リ得ルト雖モ、米國ハ民主國ニシテ大統領ノ行政權ハ毫モ大權又ハ特權等ノ觀念ヲ有セザルヲ以テ、茲ニ行政權ヲ論ズル本章ニ於テ對照スルノ理論上正當ナルヲ信ジ得ラレザルニアラズト雖モ、斯クテハ又我國及英國憲法ノ行政作用トノ比較ニ不便ナルヲ以テ、強テ之レヲ次章ニ併セテ論ズルコトトセリ、讀者乞フ之レヲ諒セヨ。

第四章　天皇ノ大權

第一節　大權ノ意義及範圍

統治權ハ天皇ノ總攬シ給フ所ナルコト我國體ノ本義ニシテ、其ノ行動ノ憲法ノ條規ニ依ル可キコトハ憲法第四條ノ明示スル所ナリ。夫レ統治權ト謂フトキハ君主ノ統治作用ノ全體ノ稱ニシテ、其ノ憲法ノ條規ニ依リ分權主義ノ下ニ行動スルニ至リ初メテ大權ノ觀念ヲ生ズ。往昔專政ノ時代ニアリテハ大權ノ觀念ナク、又其ノ必要アラザリシコトハ自明ノ理ナリ。憲法ヲ設ケ、立法權ヲ行フニハ議會ノ協贊ヲ要件トシ、司法權ハ獨立ノ裁判所ヲシテ行ハシムルニ至リ、茲ニ初メテ天皇親裁ノ權力ヲ指シテ大權ト稱シ、統治權ノ觀念ト區別シテ之レヲ視ルニ至リシモノナリ。

大權ノ行使ニツキテモ、天皇ハ憲法上國務大臣ノ輔弼及樞密顧問ノ諮詢ニ俟タザル可カラズト雖モ、此ノ輔弼又ハ諮詢ハ單ニ天皇ノ親裁ニ對スル參考タルニ過ギズシテ、法律的ニ毫モ天皇ノ意思ノ自由ヲ束縛シ得ル效力アルモノニ非ズ。此ノ點ハ彼ノ立法ニツキ議會ノ協贊ヲ經ルコト、及ビ司法ニツキ獨立ノ裁判所ニ據ルコトガ法律的要件タルトハ大ニ其ノ趣ヲ異ニスルモノナリ。外國ノ憲法ニ於テハ君主ノ行政上ノ權力ハ擧ゲテ國務大臣ノ手中ニ歸スルモノナキニアラズト雖モ、我憲法ノ解釋トシテハ採ラザル所ナリ。

大權ノ範圍

大權ノ觀念ハ固ト君主全權ノ歷史的因襲ヨリ來ル、故ニ國務大臣ニ關シ、特ニ憲法上ノ制限アル以外ハ總テ大權ノ範圍ナルヲ本則トス。故ニ大權ノ範圍ト行政權ノ範圍トハ其ノ畛域ヲ同フス。均シク三權分立ト謂フモ、立法權及司法權ハ憲法正條ノ存在ヲ前提トシテ僅ニ其ノ畛域ヲ定メラル、ニ過キズト雖モ、大權タル行政權ハ君主ノ全權ヲ前提トスル一般的ノモノナリ。凡ソ立憲國ノ國務ハ可爲民意ヲ容レテ行フヲ其ノ本則トス、然レドモ國體竝憲法成立ノ事情、又ハ實際ノ必要上等ヨリシテ、或ル種ノ權力ニ限リ絕對ニ天皇ノ自由親裁ノ下ニ置クヲ要スルコトアリ、是レ憲法第七條乃至第十六條ノ大權事項ノ規定アル所以ナリ。故ニ之レ等ノ大權事項ハ絕對ニ天皇ノ大權範圍ニ屬スルモノニシテ、毫モ議會ノ容喙ヲ許サザルト共ニ、又天皇ヨリ進デ議會ノ協贊ヲ求ムルモ違憲タルヲ免レザルナリ。於是カ大權ノ範圍ハ之レヲ一、事實上ノ大權事項ニ、憲法上ノ大權事項ト區別シテ視ルコトヲ得。

(一)事實上ノ大權事項トハ憲法正條ノ明示ニ由ルニアラズシテ、國務ノ實際上大權ノ範圍ニ屬スルモノニシテ、天皇ガ大權事項トシテ之レヲ取扱フモ、又ハ議會ノ協贊ヲ經テ立法ノ手續ニ依リ之ヲ取扱フモ全ク隨意ニ屬ス可キモノナリ。假令バ鑄貨造幣ニ關スル權、度量衡ヲ定ムル權、及ビ改元版曆ノ權ノ如キ是レナリ。

(二)憲法上ノ大權事項トハ憲法第七條乃至第十六條ニ列記セル事項ニシテ、必ズ大權ヲ以テノミ處斷ス可キモノナルコト已ニ述ベタルガ如シ。但シ之レニ對シテハ反對ノ學說ナキニ非ズ。此ノ憲法上ノ大權事項ニ關シテハ之レヲ次節ニ詳論セン。

英國王ノ特權

英國現代ノ王室即チ「ブランツヰック」家(House of Brunwick)ハ國會議定ノ法律ニ由リテ初メテ王冠ヲ取得シタルモノナリ。故ニ英國ノ王室ハ國會ノ決議ノ爲メニハ時ニ其ノ王位ヲ左右セラル、コトナキニアラズ、王位ノ存立ニシテ既ニ斯ノ如シ、隨テ國王ノ特權(King's Prerogatives)モ國會議定ノ認容ニ由リテ初メテ其ノ範圍ヲ定メラル、ニ過ギズシテ、是レヲ我憲法ノ天皇大權ノ觀念ト比較シテ其ノ差ノ程度識ル可キナリ。是レ國體上ノ差ナリ。憲法成立上ノ差ナリ。

英國王ハ特權ヲ有ストモ、完全ナル統治權ヲ有セズ。是レヲ歷史ニ視ルニ、最初國王ノ有セシ權力ハ貴族ニ遷リ、貴族ヨリ更ラニ庶民ニ遷リ、遂ニ庶民ノ選出セル國會ハ國王ヲ存廢シ得ルノ權力ヲ有スル迄ニ到レリ。夫レ斯ノ如ク國王ノ權力ハ國會ニ遷リシト雖モ、國會ハ單純ニ國會ニシテ裁判所ニ非ズ、又行政官廳ニ非ズ、於是カ憲法上國會ハ主トシテ立法權ヲ掌リ、司法ノ事ハ裁判所ニ、行政ノ事ハ國王ニ一任スルニ至レリ。此ノ國王ノ手中ニ殘サレタル權力ガ國王特權ノ範圍ナリ、學者或ハ之レヲ殘留特權(Prerogatives of Remainder)ト謂フ。英國王ノ特權ノ範圍ニ屬ス可キ事項ハ甚ダ少ナカラズ、行政權ハ勿論立法及司法權ノ一部ニツキテモ之レヲ有ス。然リト雖モ英國ハ最モ議院政治ノ發達セル國ナリ、隨テ『王ハ統シテ治セズ』(Merely reign and never govern)ト稱シ、行政權一切ハ內閣員ノ手ニ歸シ、內閣員ノ輔弼又ハ副署アルニアラザレバ之レヲ行フコト克ハズ、亦然ラザレバ憲法上無效ナリ。是レヲ我國憲法ニ於テ國務大臣ハ單ニ天皇ニ對シ參考ノ爲メ意見ヲ奏上スルニ過ギザルト比較シテ其ノ差霄壤ノミナランヤ。英國王ノ行政權ハ內閣員ノ手ニ歸シ、國會ヨリ嚴重ニ監督セラル、ノ狀ニアリト雖モ、其ノ權力ガ猶ホ國王ノ特權ナリト謂フヲ妨ゲズ。又國王ハ樞密院令ヲ發シ得ルノ立法權ヲ有シ、樞密院司法委員會ニ據ルノ司法權ヲモ有ス。終リニ操囘シ一言注意スベキハ、英國王ノ特權ト、我憲法上ノ天皇ノ大權事項トハ全ク性質ノ異ルコト是レナリ。

第二節　大權事項

概念

大日本帝國ハ萬世一系ノ天皇ノ統治スル所ニシテ、統治權ノ中心ガ天皇ニ在ルコトハ已ニ屢々述ベタルガ如シ。往昔ニ於ケル君主全權ノ思想ハ、立憲ノ世、分權政治ノ下ニ在リテモ猶ホ天皇中心ノ大原則ヲ動シ得ルモノニ非ズ。憲法ノ解釋トシテ、統治權ガ憲法正條ノ制限ニ基キ、行動スル作用ヲ天皇ノ大權ト稱ストスルモ、其ノ立法權モ司法權モ各根源ガ大權ニ集合セラル可キコトハ蓋シ當然ノ理ナリ。而シテ是レ等立法及司法ニ關スル事項以外ノ統治作用ガ大權作用ニシテ、其ノ行政權ト畛域ヲ同スルコトハ已ニ述ベタルガ如シ。玆ニ我憲法ハ我國體ノ歷史的關係又ハ實際ノ必要上等ヨリシテ、數個ノ大權事項ナルモノヲ定メ、是レ等ノ事項ニツキテハ恰モ舊時ノ君主全權時代ノ狀態ニ在ルト同一ノ主義ノ下ニ統治スルノ制度ヲ採用セリ。是レ他國ノ憲法ニ其ノ例ヲ見ザル所ナリ。歐米ノ憲法ハ我憲法ニ於テ天皇親裁ノ大權事項トシテ揭ゲタルモノニツキテモ、國會ノ立法權ノ範圍ニ置クノ組織ニシテ、同ジク行政權ト稱スルモ、歐米憲法ニ於ケル行政權ハ、國會議定ノ法律ノミヲ執行スルノ謂ナリト雖モ、我憲法ニ於ケル行政權ハ議會協贊ノ法律ノ執行以外ニ天皇親裁ノ大權事項ノ所斷ヲ以テ其ノ主タルモノトス。今左ニ各種ノ大權事項ニツキ詳論セン。

議會開閉大權

第一、議會開閉大權。

『天皇ハ帝國議會ヲ召集シ其ノ開會閉會停會及衆議院ノ解散ヲ命ズ』(憲法第七條)

議會ハ立法ニ贊與シ政府ノ監督ヲ爲スモノナリト雖モ、其ノ本質ハ統治權行使ニ關スル憲法上ノ機關タルニ過ギズ。故ニ統治權ヲ有スルモノガ天皇ナルヨリシテ、其ノ機關タル議會ヲ開閉スルノ權モ天皇ノ大權ニ屬ス可キコトハ蓋シ當然ノ理ナリ。其ノ召集、開會、閉會、停會及衆議院ノ解散ニ關スル詳細ハ、帝國議會ノ章ニ論ジタルヲ以テ爰ニ之レヲ略ス。

緊急勅令ヲ發スル大權

第二、緊急勅令ヲ發スル大權。

『天皇ハ公共ノ安全ヲ保持シ又ハ其ノ災厄ヲ避クル爲メ緊急ノ必要ニ由リ帝國議會閉會ノ場合ニ於テ法律ニ代ルベキ勅令ヲ發ス。

此ノ勅令ハ次ノ會期ニ於テ帝國議會ニ提出スベシ若シ議會ニ於テ承諾セザルトキハ政府ハ將來ニ向テ其ノ効力ヲ失フコトヲ公布スベシ』(憲法第八條)

憲法第二章臣民ノ權利義務ニ關スル事項ハ、必ズ議會ノ協贊ヲ經タル法律ヲ以テノミ定ムベキモノナリ。然レドモ事緊急ノ必要ニ屬シ、議會閉會中ニシテ到底立法手續ヲ待ツ克ハザル場合ニハ、行政作用ニ由リ大權ヲ以テ法律ニ代ルベキ勅令ヲ發スルコトガ憲法ノ趣旨ナリ。隨テ此ノ勅令ハ次期議會ニ提出シテ其ノ承諾ヲ經ザル可カラザルモノナリ。詳細ハ已ニ立法權ノ章ニ於テ論ジタルガ如シ。

執行命令獨立命令ヲ發スル大權

第三、執行命令及獨立命令ヲ發スル大權。

『天皇ハ法律ヲ執行スル爲メ又ハ公共ノ安寧秩序ヲ保持シ及臣民ノ幸福ヲ增進スル爲メ必要ナル命令ヲ發シ又ハ發セシム但シ命令ヲ以テ法律ヲ變更スルコトヲ得ズ』(憲法第九條)

官制及官吏任免大權

是レニ關スル詳細モ已ニ論ジタルヲ以テ略ス

第四、官制及官吏任免ニ關スル大權。

『天皇ハ行政各部ノ官制及文武官ノ俸給ヲ定メ及文武官ヲ任免ス但シ此ノ憲法又ハ他ノ法律ニ特例ヲ掲ゲタルモノハ各々其ノ條項ニ依ル』(憲法第十條)

天皇ガ統治權ヲ行フニハ其ノ補助機關トシテ、各種ノ官廳及文武官吏ノ存在ヲ要ス、而シテ其ノ行政各官廳ノ組織、權限及官吏任免ノ方法等ヲ規定スルガ官制ノ任ズル所ナリ。官吏任免ノ權ハ全ク天皇任意ノ大權ニ屬スト雖モ、國務大臣及樞密顧問ハ憲法上ノ機關ナルヲ以テ天皇ハ必ズ之レヲ置カザルベカラズ。又裁判官モ司法權執行ノ爲メ法律ノ定ムル所ニ依リ必ズ置カザルベカラザル性質ノモノナリ。

官吏ハ天皇ノ統治權ノ一部ヲ執行スルモノナルヲ以テ國家ノ官吏ナリ、天皇個人ノ使用人タル關係トハ大ニ其ノ趣ヲ異ニス。爰ニ官吏ノ任免ハ契約ナルヤ否ヤニツキ學說別ル、古クハ立法行爲ナリト論ジタル者アリ雖モ、其ノ當ラザルヤ論ヲ俟タズ。或ハ之レヲ君主ノ一方行爲ナリト論ズルモノアルモ是レ又廣ク行ハレズ。今日ニ於テハ一種ノ公法上ノ契約ト看ルヲ正當ト信ズ。勿論官吏任命ニモ、其ノ任命セラル、者ノ自由意思ノ承諾ヲ要ス、此ノ承諾ナクモ尙ホ任命シ得ルトハ了解シ得ザル所ナリ、然ラバ之レヲ一種ノ契約ト看ルニ毫モ妨ゲアルモノニアラザルナリ。

第五、陸海軍統帥及編制大權。

『天皇ハ陸海軍ヲ統帥ス』（憲法第十一條）

『天皇ハ陸海軍ノ編制及常備兵額ヲ定ム』（憲法第十二條）

陸海軍ノ統帥トハ軍司令ノ意味ナリ、軍司令トハ軍隊及軍人ヲ統一シ、直接軍事上ノ作戰、軍器ノ行使等ヲ命令スルヲ謂フ。而シテ此ノ軍司令權ハ大元帥トシテ天皇ノ統轄スル所ナリ。

陸海軍ノ編制及常備兵ヲ定ムルコトハ軍事行政ノ範圍ニ屬ス、卽チ戰鬪力ニ關スル人及物ノ整備ニ關スル行爲ナリ。師團ノ設置、艦隊ノ編制等ガ主要ナルモノナリ。

陸海軍統帥大權ニツキ憲法上注意スベキハ、其ノ大權ノ發動ニ國務大臣ノ輔弼及副署ヲ要セザルコト是レナリ。卽チ此ノ軍統帥權ハ憲法制定以前ヨリ天皇ノ絕對ニ掌握スル所ニシテ、憲法制定後ニ於テモ毫モ其ノ趣旨ヲ動シタル事實ナク、又實際上ノ事情ヨリスルモ其ノ機密ト迅速トヲ尊ブコトハ軍統帥上ノ生命ナルヲ以テ、國務大臣輔弼ノ外ニ置クヲ最モ利便トス。軍統帥ニ就テハ國務大臣ノ輔弼ヲ要セズトスルモ、是レニ關シテハ別ニ元帥府、軍事參議院、陸軍參謀本部、海軍々令部等ノ輔弼機關アルモノトス。

陸軍ノ編制、常備兵設置ノコトハ軍事行政ナルヲ以テ、其ノ行動ニ國務大臣ノ輔弼副署ヲ要スルハ勿論、軍費ノ支出等ニ關シテハ議會ノ協贊ヲモ要スルモノナリ。

第六、宣戰、講和及條約締結大權。

『天皇ハ戰ヲ宣シ和ヲ講シ及諸般ノ條約ヲ締結ス』（憲法第十三條）

宣戰講和及條約締結ノ權ハ之レヲ對外大權ト稱ス。宣戰ハ國家ノ一方行爲ナリト雖モ、其ノ根源ノ對外大權ヨリ發スベキコトハ性質上當然ナリ。講和ノ條約ナルコトハ論ヲ待タズ。

條約トハ國家ト國家トノ間ニ取結バルル約束ヲ謂フ。夫レ國家ノ意思ニシテ對内的ニ發スルトキハ法律ト爲リ、命令ト爲ル。其ノ對外的ニ發スルニ於テ條約ト爲ルモノナリ。法律及命令ハ國家ト臣民間ノ權力服從ノ關係ヲ規定スルモノナリト雖モ、條約ハ國家ト國家トノ對等關係ヲ規定スルモノナリ。故ニ此ノ兩者ハ全然其ノ目的及方向ヲ異ニシテ存在スルモノナルヲ以テ、條約ハ直ニ國內ノ臣民ニ向テ強制力ヲ有スルコトナシ、其ノ之レヲ臣民ヲシテ遵奉セシメントセバ、別ニ立法又ハ命令發布ノ手續ニ由ラザル可カラザルナリ。
條約ノ締結ハ天皇ノ親裁スル大權事項ニ屬ス、其ノ條約ノ內容如何ハ問フ所ニアラザルナリ。凡テ對外々交ノ事ハ極メテ機敏ニ且ツ秘密ノ間ニ進行セシムルコトヲ要シ、之レヲ豫メ多數人ニ相談シテ取扱フ如キハ實際上ノ便宜ニ適セザルコト遠シ、是レ對外大權トシテ天皇ノ親裁ノ下ニ置ク所以ナリ。歐米各國ノ憲法ニ於テモ、外交ノ事ハ可爲君主又ハ大統領ノ自由獨裁ノ權內ニ置クヲ一般ノ主義トシツヽアリ。

非常大權

第七、非常大權。

『天皇ハ戒嚴ヲ宣告ス、
戒嚴ノ要件及效力ハ法律ヲ以テ之レヲ定ム』（憲法第十四條）

國家非常ノ場合卽チ戰時若クハ事變ノ際ニハ、平時ニ於ケルガ如キ緩漫ナル法的秩序ノ維持ニノミ甘ズル克ハズ、是レ天皇ノ非常大權ノ規定アル所以ナリ。此ノ非常大權ハ一、戒嚴ノ宣告ト、二、戰時事變ニ關スル憲法第三十一條ノ規定トニ區別シテ視ルコトヲ得。

〔一〕戒嚴ノ宣告。戒嚴トハ戰時若クハ事變ノ際ニ兵備ヲ以テ全國又ハ一地方ヲ警戒スルノ義ニシテ、憲法第十四條ノ規定スル所ナリ。而シテ軍事官廳ヲシテ一般ノ政務、卽チ行政、司法及民、刑訴訟ヲ管掌セシムルモノナルヲ以テ、其ノ性質ハ本來天皇ノ軍事大權ヨリ出ヅルモノナリ。然レドモ一般ノ法的狀況ニ變動ヲ及スモノナルヲ以テ、特ニ獨立ノ規定ヲ設クルニ至リシモノトス。此ノ戒嚴ノ制度ハ元ト英國ニ起リシモノガ佛國ニ移リ、遂ニ各國ニ採用セラルヽニ至リシモノナリ。戒嚴ノ要件及效力等ハ法律ノ定ムル所ナリト雖モ、之レガ詳細ナル說明ハ行政法ノ範圍ニ屬スルヲ以テ之レヲ省ク。

〔二〕戰時、事變ニ關スル憲法第三十一條ノ規定。憲法第二章ハ臣民ノ權利義務ニ關スル種々ノ規定ヲ設ケタリ、其ノ第三十一條ニ於テ『本章ニ掲ゲタル條規ハ戰時又ハ國家事變ノ場合ニ於テ天皇大權ノ施行ヲ妨グルコトナシ』ト規定セリ。是レ卽チ戰時事變ノ場合ニ於テハ、天皇ノ大權ヲ以テ臣民ノ權利義務ニ關スル憲法上ノ保障ヲ變動シ得ルコトヲ定メタルモノナリ。本條ノ規定ハ戒嚴ノ宣告及緊急勅令ノ規定ト重複スルガ如キ感ナキニアラズト雖モ、其ノ實否ラザルナリ。卽チ戒嚴ノ宣告ハ、臨戰地境又ハ合圍地境ニ兵備ヲ以テ行フモノナリト雖モ、第三十一條ノ大權施行ハ、全國各所ニ向ッテ軍事上ノ視察、搜索ノ要アル場合ニ天皇ノ行政大權ヲ以テ行ハルヽモノナリ。又緊急勅令ハ議會ノ閉會中ニ緊急ノ必要ニ處スル爲メ發セラルヽモノニシテ、議會ノ開會中ニ於テハ之レヲ發スル能ハザルナリ。而シテ戰時事變ノ際ニ、上下兩院ノ決議ヲ經テ事ヲ處スルガ如キハ、迅速ト機敏トヲ生命トスル國務ヲ處理スルノ途ニ非ズ、於是カ特ニ第三十一條ノ必要ヲ視ルニ至リシモノナリ。

此ノ憲法第三十一條ノ效力ハ、天皇ノ大權ヲ以テ命令ニ由リ臣民ノ權利自由ヲ制限シ、勞力、物質提供ノ義務ヲ課シ、又ハ住居、信書、思想發表等ヲ侵シ、其他司法官、行政官等ヲ自由ニ任免シ得ルニ至ル。而シテ其ノ效力存續ノ期間ハ、戰時事變ノ存續スル間ニシテ、其ノ消失ト同時ニ舊態ニ復スベキモノナリ。

第八、榮典授與ノ大權。

『天皇ハ爵位勳章及其他ノ榮典ヲ授與ス』（憲法第十五條）

榮譽權ハ分テ爵、位、勳章其他ト爲スコトヲ得。爵ニハ公、侯、伯、子、男ノ五階級アリ、位ニハ正一位ヨリ從八位迄ノ十六階級アリ、勳章ニハ一般勳章、金勳章アリテ各等級ヲ分チ、別ニ紅、綠、藍綬褒章アリ、其他金銀木杯、博士號等ノ設ケアリ。而シテ位ハ我國古來ヨリノ存在ナリト雖モ、爵ハ明治維新後ノ創設ニ係リ、勳章ハ初メ第一世「ナポレオン」ガ佛國共和國ノ執政官タリシトキニ定メタルモノヲ各國ガ踏襲シテ今日ニ至リ、我國モ其レニ倣ヒシモノナリ。此ノ榮典授與ノ權ハ全ク天皇ノ大權行爲ニ屬ス、卽チ天皇ハ榮典一切ノ源泉ナリ。玆ニ此ノ榮典授與權ハ天皇ガ個人トシテ有スルモノナルヤ否ヤト云フニ、一般國務ト同ジク、國家行爲トシテノ大權作用ナリト視ルヲ正當ナリト信ズ、蓋シ其ノ榮典ヲ授與ス可キヤ否ヤノ標準ハ、全ク國家ニ對スル功勞ノ有無ニ由リテ定マルモノナレバナリ。然レドモ此ノ榮典授與ノ大權ハ國務大臣ノ輔弼ニ依ラズシテ、宮內大臣ノ奉行スル所ト爲リ居レリ。是レ古來ヨリノ慣習ニ由ルモノナリ。

第九、赦免大權。

『天皇ハ大赦特赦減刑及復權ヲ命ス』(憲法第十六條)

大赦トハ或ル種ノ犯罪者ニ對シテ一般的ニ刑法ノ適用ヲ恩赦スルヲ謂ヒ、特赦トハ特定ノ犯人ニ對シ刑ノ執行ヲ恩赦スルヲ謂フ。減刑トハ刑罰ヲ減縮スル意ニシテ、復權トハ既ニ剝奪セラレタル公權ヲ囘復セシムルコトナリ。而シテ大赦ハ刑法ノ適用ヲ免除スルモノナルヲ以テ公訴權ノ消滅ト爲リ、隨テ確定判決ノ效力ヲ失ヒ、再犯加重ノ規定ヲ適用セラルヽコトナク、公權ハ當然回復スルモノナリ。之レニ反シ特赦ハ單ニ刑ノミヲ免除セラルヽニ過ギザルヲ以テ、公訴權竝ニ確定判決ハ依然トシテ效力ヲ維持ス、故ニ特ニ復權ノ恩命ニ接スルニ非ザレバ公權ヲ回復スルコトナシ。減刑ノ確定判決ヲ動スモノニアラザルハ論ヲ俟タズ。學者或ハ大赦ト特赦トノ差ヲ、或ル種ノ犯罪ニ對スル一般的ナルコトト、或ル犯人ニ對スル特定的ナルコトトニ由リ區別スル者アレドモ正當ナラズ。

天皇ノ大權事項ハ以上ノ外、一、貴族院ノ構成ヲ定ムル權、二、憲法改正ノ發議權、三、皇室典範改正ノ權等アリト雖モ、已ニ從來其レ〲說明セシ所ナルヲ以テ茲ニ之レヲ省略ス。

以上天皇ノ大權事項トシテ論ジタルコトモ、其ノ性質ハ要スルニ天

英國王ノ特權

皇ノ行政大權ノ一部分ナリ。我憲法ノ解釋トシテハ、天皇ガ主權者タル關係上他ノ立法及司法事項ト關係ナク、天皇親裁ノ獨立事項トシテ存在スト雖モ、英、米ノ其レノ如ク、國家ノ主權ガ人民又ハ國會ト王室トニ在リト解釋セラル、國ニ於テハ、國王又ハ大統領ノ行政權ハ人民ノ合意ニ成ル憲法ノ委託、又ハ國會ノ認容ニ由リテノミ存在スベキモノニシテ、到底獨立不羈ナリトノ解釋ヲ爲スコト能ハザルナリ。既ニ權力ノ本質ニシテ斯ノ如キ差異アリト雖モ、齊シク行政作用ナル點ニ於テハ同一ナルヲ以テ、今左ニ英國王ノ特權ヲ論ジ、併テ米國大統領ノ行政權ヲモ略說セン。

英國王ハ特權ヲ以テ樞密院令ヲ發スルコトヲ得、但シ人民ノ權利義務ニ關スル事項ニ非ズシテ法律施行ノ爲メナルヲ主トス。又樞密院ノ司法委員會ニ於テ或ル種ノ司法權ヲモ行ヒ得ルコトハ已ニ述ベタルガ如シ。而シテ英國王ノ特權(King's Prerogatives)ニ屬ス可キ主ナルモ

ノヲ擧グレバ、

(一)外交ニ關スル特權。

英國ニ於テハ外交ニ關スル事ハ宣戰、條約ノ締結、外交官ノ交換等總テ國王ノ特權ニ一任ス、然モ最モ自由ナル裁量ニ任セテ毫モ怪マザルノ風アリ。往昔王權ノ盛ナリシ時代ニ外交ノ事ガ凡テ國王ニ源泉セシハ當然ナリト雖モ、國會制度ノ發達シタル今日ニ於テモ尙ホ總テヲ擧ゲテ國王ニ一任スルハ、外交ノ事ガ秘密ト迅速トヲ敢テ要スルニ起因スルノミナラズ、尙ホ外國ニ對スル交際等ノ關係ニ於テモ、王室ヲ以テ外交ノ中心ト爲スコトニ多大ノ便益ヲ有スレバナリ。國王ノ此ノ特權ニ對シ一ツノ例外ヲ爲スハ、王冠ガ英國出生者以外ノ人ノ手ニ歸シタルトキハ、國會ノ承諾ナクシテ英國ニ屬セザル領土又ハ土地ヲ防衞スル爲メニ戰爭ヲ起スベカラズトノ憲法正條ノ制限存スルコト是レナリ。蓋シ英國トシテハ英國民ノ利益ヲ保護スベキ當然ノ規定ナリ。

（二）兵事特權。

國王ハ陸海軍ヲ統帥スル特權ヲ有ス、然レドモ此ノ特權ハ王權盛ナリシ時代ノ遺物ニシテ、其ノ實權ハ内閣員ノ手ニ歸セシヲ今日ノ實狀トス。英國ニ於テモ官制上ヨリ視レバ、陸軍ニハ陸軍總督(Commander in Chief)ト陸軍尙書(Secretary of State for War)トノ區別(海軍ニハ海軍省委員アルノミナリ)アリト雖モ、陸軍總督モ陸軍尙書ノ指揮ニ從フベキモノニシテ、敢テ軍事統帥權ト軍政務トノ區別アルコトナク、均シク内閣員ノ輔弼ニ由リテノミ行動セラルヽヲ本則トス。殊ニ戰時ニ於テハ軍事統帥權ハ擧ゲテ内閣全員ノ所管ニ移ルモノナリ。

英國ノ陸軍ハ千六百八十八年ノ革命以後國會ノ認容ニ由リ成立シタルモノナリ。而シテ英國人ハ國王ノ專橫ニ流ルヽコトヲ恐レテ常備兵ヲ置クコトヲ欲セズ、故ニ權利法典モ『國會ノ許諾ヲ經ズシテ平常ニ常備軍ヲ置クハ不法也』ト明言セリ。今日國會ハ毎一年限リノ常備兵數ヲ決議シテ之レヲ置キ、年々之レヲ操回シツヽアルモノナリ。國王ノ兵事特權ニ關連シテ存スルハ戒嚴施行ノ權力ナリ。卽チ内亂外寇ノ場合ニハ國家ノ安寧維持ノ爲メ國王ノ特權ヲ以テ、國會ノ承諾ヲ俟タズ、人民ノ權利自由ヲ制限シ得ルコト是レナリ。此ノ戒嚴ノ制度ハ古ク英國ニ發シテ權利法典中ニモ明記アリ、其後佛國ニ移リ、遂ニ各國憲法ニモ認メラルヽニ至リシモノナリ。戒嚴ノ場合ニ行政、司法ノ作用共總テ兵權ヲ以テ行ハルベキコトハ我憲法ト同様ナリ。

〔三〕內政ニ關スル特權。

〔イ〕官吏任免權。國王ハ司法官其他少數ノ官吏ヲ除ク外、凡テ自由ニ任免シ及ビ俸給ヲ定ムルコトヲ得ルナリ。斯ノ如ク國王ハ官職ノ源泉ナリト雖モ、憲法及法律ヲ變更シ、又ハ新ニ租税ヲ賦課セザルベカラザル如キ官職ハ之レヲ定ムルコトヲ得ザルナリ。

(ロ)榮譽ニ關スル權。國王ハ榮譽ノ源泉ナリ。卽チ國王ハ貴族ニ與フベキ爵ヲ定メ、又國家ニ對スル勳功ヲ表彰スル爲メ勳章ヲ定メテ之レヲ授與スルコトヲ得ルナリ。

(ハ)犯罪赦免權。國王ハ刑事上ノ手續ニ依リ刑罰ニ處セラレタル者ノ赦免又ハ輕減ヲ爲シ得ルナリ。

其他國王ハ度量衡及鑄貨造幣ノ特權ヲモ有ス。

(四)國立敎會ニ關スル特權。

國王ハ國立敎會ノ大僧正、僧正其他ノ僧官ヲ任命スル權ヲ有ス。國王ハ又宗敎會議(The Ecclesiastical Parliament)ヲ召集シ、停會シ、解散シ、及其ノ決議ヲ認可シ、不認可スル權力ヲ有ス。國王ノ是等ノ權利ハ王政復古ノ時ニ王權ニ編入セラレタルモノニシテ、「エドワード」三世二十五年ノ寺院管理條例(The Statute of Provisars)ニ依リ、國王ニ高等僧官ヲ選任スル權ヲ委託シタリト雖モ、猶ホ曖昧ナリトシテ法律ヲ以テ之レヲ決定

米國大統領ノ行政機

スルニ至レリ。

米國ハ共和國ニシテ君主ナルモノ、存在セザルハ當然ナリ、隨テ君主ノ親裁ニ屬スル大權又ハ特權ナルモノ、存在セザルモ明ナリ。然レドモ米國ニモ大統領(The President)在リテ行政首長タル憲法上ノ地位ヲ有シ、君主國ニ於テ君主ガ行政ノ主腦タルト同一ノ位地ニ在リ。今左ニ米國大統領ノ權能ヲ擧グレバ、

『大統領ハ合衆國ノ陸海軍及ビ合衆國ノ召集シタル義勇兵ヲ統帥ス、大統領ハ行政各省大臣ニ其ノ省內ノ職務ニ關シ意見書ヲ徵スルコトヲ得ベク、又彈劾ノ場合ヲ除ク外、合衆國ノ法律ヲ犯シタル罪人ヲ宥恕又ハ赦免スルコトヲ得ベシ。

大統領ハ元老院ノ勸告及同意ヲ得テ條約ヲ締結スル權ヲ有ス、但シ出席議員ノ三分ノ二以上ノ同意アルコトヲ要ス。

大統領ハ元老院ノ勸告ト同意ニ由リ大使其他ノ外交官高等法院判

事及其他此ノ憲法ニ依リ其ノ任命ニ關シ特ニ何等ノ規定ヲ設ケズ且ツ法律ニ依リ新ニ設定セラレタル凡テノ合衆國官吏ヲ任命スルコトヲ得、但シ議會ハ適宜ニ法律ヲ以テ下級官吏ノ任命ヲ大統領一人又ハ裁判所、各省長官等ニ委任スルコトヲ得ベシ。

大統領ハ假任命狀ヲ發シテ元老院閉會中ニ生ジタル缺員ヲ補充スルコトヲ得、此ノ假任命狀ハ次ノ議會ノ閉會ニ至ル迄デ效力ヲ有スルモノナリ。』（米國憲法第二章第二條）

『大統領ハ時々聯邦ノ狀況ヲ議會ニ報告シ、同時ニ其必要且ツ便宜ト思惟スル立法案ヲ具シテ議會ノ審議ヲ促スベシ、大統領ハ非常ノ場合ニ於テ兩院又ハ其一方ヲ召集シ得ベク、又休會ノ時日ニ關シ兩院ガ一致スル能ハザルトキハ其ノ適當ト認ムル時迄デ議會ニ休會ヲ命ズルコトヲ得、大統領ハ外國ノ大使其他ノ外交官ヲ迎ヘ、又法律施行ノ適否ヲ注意シ、又一切ノ合衆國官吏ヲ任命ス。』（米國憲法第二章第三條）

（一）軍事統帥權。

大統領ハ合衆國政府ニ隷屬スル陸海軍、各州ニ屬スル義勇兵（The National (Guard)）ニシテ合衆國政府ニ召集セラレタルモノニツキ統帥權ヲ有ス。即チ米國ノ陸海軍ハ、合衆國政府ニ屬スルモノト各州ニ屬スルモノトノ別アリ、而シテ各州ノ義勇兵ハ各州知事ニ於テ之レヲ統轄スルモノトス、然レドモ内亂又ハ外戰ノ場合ニ於テハ、各州ノ義勇兵ヲ合衆國政府ガ召集スルコトト爲ルヲ以テ、此場合ニハ大統領ガ其ノ統帥者タル地位ニ立ツモノナリ。假令バ近ク米西戰爭ノ際ニ、各州ノ義勇兵ガ合衆國政府ニ召集セラレテ其ノ命令ヲ奉ジ、大統領ニ統帥セラレタル如キ此ノ例ナリ。

（二）罪人赦免權。

大統領ハ裁判所ヨリ刑ノ言渡ヲ受ケタル罪人ヲ宥恕（Reprieve）又ハ赦免（Pardon）スル權能ヲ有ス。此ノ權能ハ君主國ニ於テハ君主ノ有スル所ナリト雖モ、共和國ニ於テハ大統領ガ法律執行ノ中心ナルヲ以テ、其ノ地位ヲ重視シ、此ノ權能ヲ大統領ニ附與セシモノナリ。但シ大統領ノ赦免權ハ合衆國ノ法律ニ觸レタル者ノ犯罪ニ限ルモノニシテ、各州ノ法律ヲ犯シタル者ニ對シテハ此ノ權ナシ。又國會ガ彈劾シタル犯罪ニ對シテモ赦免權ヲ有スルコトナシ。

(三)條約締結權。

大統領ハ又條約締結權ヲ有スルナリ。然レドモ茲ニ米國大統領ノ有スル條約締結權ハ、各國君主ノ有スル其レト異リ、元老院ノ同意ヲ經ルニ非ザレバ有效ニ條約ヲ締結スルコト克ハズ、而シテ元老院ガ之レニ同意ヲ表スルニハ、出席議員三分二以上ノ贊成ヲ得ザルベカラザルナリ。

大統領ハ國務卿ヲシテ條約締結ノ談判其他ノ準備ヲ爲サシムルモノナリト雖モ、又元老院ノ勸告ニ基キテモ之レヲ爲サヾルベカラズ。

大統領ガ條約ヲ締結セントシ元老院ガ反對シテ不能ニ終リシ例ハ、先年英國ト仲裁條約ヲ締結セントシタル際ニ、時ノ國務卿ガ元老院ノ反感ヲ買ヒシ爲メニ大修正ヲ加ヘラレ、夫レガ爲メ之レヲ斷念セザル可カラザルニ至リシ實例アリ。

（四）官吏ノ任免及補缺權。

大統領ハ又官吏任免權ヲ有ス、然レドモ此ノ權利ヲ行使スルニ當リテモ、大統領ハ元老院ノ助言ト同意トヲ得ザル可カラズ。即チ大統領ハ官吏ニ任命セントスル者ヲ指名シテ之レヲ元老院ニ送リ、元老院ニ於テ同意セシ場合ニ初メテ任命スルヲ得ルモノナリ。而シテ大統領ガ元老院ト共ニ任命スベキ官吏ハ、大使、其他ノ外交官、高等法院判事、其他法律ニ依リ新設セラル、所ノ官吏ナリ。議會ハ又必要ト認ムルトキハ、法律ヲ以テ下級官吏ノ任命ヲ大統領一人、又ハ裁判所、各省長官等ニ委任スルコトヲ得ルナリ。

大統領ガ元老院ノ同意ヲ得ルニアラザレバ任命スルコトヲ得ザル官吏、即チ大臣、大使其他ノ外交官、高等法院判事等ガ元老院ノ閉會中ニ缺員ヲ生ジタルトキハ、大統領ハ假任命狀ヲ以テ補缺ヲ爲シ、次期ノ議會ニ於テ元老院ト交渉シ本任命狀ヲ發シテ後任者ヲ定ムベキナリ、故ニ此ノ假任命狀ノ效力ハ次期議會ノ閉會迄ヨリ存セザルモノトス。終リニ一言ス可キハ、大統領ハ各州ノ官吏ノ任免ニツキテハ何等ノ權能ヲ有セザルコト是レナリ。

〔五〕議會ニ對スル權。

米國ノ通常議會ハ何等召集ノ手續ヲ待タズ、憲法ノ規定上當然ニ每年十二月第一月曜日ニ開會セラルベキモノナルコトハ已ニ述ベタルガ如シ。然レドモ大統領ハ行政首長(Chief Executive)ナリ、故ニ國家非常ノ場合ニ處スル爲メニ臨時議會ヲ召集スル權能ヲ有ス。而シテ此ノ臨時議會ハ兩院ヲ同時ニ召集スルモ、又緊急ニ條約締結ノ必要等アル場合ニ元老院ノ一方ノミヲ召集スルモ隨意ナリ。

大統領ハ又兩院ガ議會ノ休會ニ關シ意見ノ一致ヲ缺キ、一院ガ開會セントスルモ他院ハ休會ヲ繼續シテ相衝突シ、其レガ爲メニ重要ナル國務ヲ徒ニ遷延セシムル等ノ恐レアル場合ニ、其ノ適當ト認ムル時期ニツキ休會ヲ命ジ、又ハ休會ノ時間ヲ定ムルノ權能ヲ有スルモノナリ。

以上各種ノ列記事項以外ニ、大統領ハ行政首長トシテ內治、外交ニ關スル一切ノ國務ヲ管掌スベキ權限ヲ有スルコトハ蓋シ當然ノ理ナリ。

（完）

大正六年七月卅一日印刷
大正六年八月五日發行

定價金貳圓

著作者兼發行者　川手忠義

印刷者　倉谷鎭夫
東京市芝區愛宕町三丁目二番地

印刷所　東洋印刷株式會社
東京市芝區愛宕町三丁目二番地

發行所兼一手發賣所　東京市芝區琴平町一番地
日比谷書房
振替口座東京五二五五番

日本英米比較憲法論　　別巻 1231

2019(令和元)年6月20日　　復刻版第1刷発行

著　者　川　手　忠　義

発行者　今　井　　　貴
　　　　渡　辺　左　近

発行所　信　山　社　出　版
〒113-0033　東京都文京区本郷6-2-9-102
モンテベルデ第2東大正門前
電　話　03(3818)1019
FAX　03(3818)0344
郵便振替　00140-2-367777(信山社販売)
Printed in Japan.

制作／(株)信山社，印刷・製本／松澤印刷・日進堂

ISBN 978-4-7972-7350-2 C3332

別巻　巻数順一覧【950～981巻】

巻数	書　名	編・著者	ISBN	本体価格
950	実地応用町村制質疑録	野田藤吉郎、國吉拓郎	ISBN978-4-7972-6656-6	22,000円
951	市町村議員必携	川瀬周次、田中迪三	ISBN978-4-7972-6657-3	40,000円
952	増補 町村制執務備考 全	増澤鐵、飯島篤雄	ISBN978-4-7972-6658-0	46,000円
953	郡区町村編制法 府県会規則 地方税規則 三法綱論	小笠原美治	ISBN978-4-7972-6659-7	28,000円
954	郡区町村編制 府県会規則 地方税規則 新法例纂 追加地方諸要則	柳澤武運三	ISBN978-4-7972-6660-3	21,000円
955	地方革新講話	西内天行	ISBN978-4-7972-6921-5	40,000円
956	市町村名辞典	杉野耕三郎	ISBN978-4-7972-6922-2	38,000円
957	市町村吏員提要〔第三版〕	田邊好一	ISBN978-4-7972-6923-9	60,000円
958	帝国市町村便覧	大西林五郎	ISBN978-4-7972-6924-6	57,000円
959	最近検定 市町村名鑑 附 官国幣社 及 諸学校所在地一覧	藤澤衛彦、伊東順彦、増田穆、関惣右衛門	ISBN978-4-7972-6925-3	64,000円
960	鼇頭対照 市町村制解釈 附 理由書 及 参考諸布達	伊藤寿	ISBN978-4-7972-6926-0	40,000円
961	市町村制釈義 完　附 市町村制理由	水越成章	ISBN978-4-7972-6927-7	36,000円
962	府県郡市町村 模範治績　附 耕地整理法 産業組合法 附属法令	荻野千之助	ISBN978-4-7972-6928-4	74,000円
963	市町村大字読方名彙〔大正十四年度版〕	小川琢治	ISBN978-4-7972-6929-1	60,000円
964	町村会議員選挙要覧	津田東璋	ISBN978-4-7972-6930-7	34,000円
965	市制町村制 及 府県制　附 普通選挙法	法律研究会	ISBN978-4-7972-6931-4	30,000円
966	市制町村制註釈 完　附 市制町村制理由〔明治21年初版〕	角田真平、山田正賢	ISBN978-4-7972-6932-1	46,000円
967	市町村制詳解 全　附 市町村制理由	元田肇、加藤政之助、日鼻豊作	ISBN978-4-7972-6933-8	47,000円
968	区町村会議要覧 全	阪田辨之助	ISBN978-4-7972-6934-5	28,000円
969	実用 町村制市制事務提要	河邨貞山、島村文耕	ISBN978-4-7972-6935-2	46,000円
970	新旧対照 市制町村制正文〔第三版〕	自治館編輯局	ISBN978-4-7972-6936-9	28,000円
971	細密調査 市町村便覧(三府 四十三県 北海道 樺太 台湾 朝鮮 関東州)　附 分類官公衙公私学校銀行所在地一覧表	白山榮一郎、森田公美	ISBN978-4-7972-6937-6	88,000円
972	正文 市制町村制 並 附属法規	法曹閣	ISBN978-4-7972-6938-3	21,000円
973	台湾朝鮮関東州 全国市町村便覧 各学校所在地〔第一分冊〕	長谷川好太郎	ISBN978-4-7972-6939-0	58,000円
974	台湾朝鮮関東州 全国市町村便覧 各学校所在地〔第二分冊〕	長谷川好太郎	ISBN978-4-7972-6940-6	58,000円
975	合巻 佛蘭西邑法・和蘭邑法・皇国郡区町村編成法	箕作麟祥、大井憲太郎、神田孝平	ISBN978-4-7972-6941-3	28,000円
976	自治之模範	江木翼	ISBN978-4-7972-6942-0	60,000円
977	地方制度実例総覧〔明治36年初版〕	金田謙	ISBN978-4-7972-6943-7	48,000円
978	市町村民 自治読本	武藤榮治郎	ISBN978-4-7972-6944-4	22,000円
979	町村制詳解　附 市制及町村制理由	相澤富蔵	ISBN978-4-7972-6945-1	28,000円
980	改正 市町村制 並 附属法規	楠綾雄	ISBN978-4-7972-6946-8	28,000円
981	改正 市制 及 町村制〔訂正10版〕	山野金蔵	ISBN978-4-7972-6947-5	28,000円

別巻　巻数順一覧【915 ～ 949 巻】

巻数	書　名	編・著者	ISBN	本体価格
915	改正 新旧対照市町村一覧	鍾美堂	ISBN978-4-7972-6621-4	78,000 円
916	東京市会先例彙輯	後藤新平、桐島像一、八田五三	ISBN978-4-7972-6622-1	65,000 円
917	改正 地方制度解説〔第六版〕	狭間茂	ISBN978-4-7972-6623-8	67,000 円
918	改正 地方制度通義	荒川五郎	ISBN978-4-7972-6624-5	75,000 円
919	町村制市制全書 完	中嶋廣蔵	ISBN978-4-7972-6625-2	80,000 円
920	自治新制 市町村会法要談 全	田中重策	ISBN978-4-7972-6626-9	22,000 円
921	郡市町村吏員 収税実務要書	荻野千之助	ISBN978-4-7972-6627-6	21,000 円
922	町村至宝	桂虎次郎	ISBN978-4-7972-6628-3	36,000 円
923	地方制度通 全	上山満之進	ISBN978-4-7972-6629-0	60,000 円
924	帝国議会府県会郡会市町村会議員必携 附関係法規 第1分冊	太田峯三郎、林田亀太郎、小原新三	ISBN978-4-7972-6630-6	46,000 円
925	帝国議会府県会郡会市町村会議員必携 附関係法規 第2分冊	太田峯三郎、林田亀太郎、小原新三	ISBN978-4-7972-6631-3	62,000 円
926	市町村是	野田千太郎	ISBN978-4-7972-6632-0	21,000 円
927	市町村執務要覧 全 第1分冊	大成館編輯局	ISBN978-4-7972-6633-7	60,000 円
928	市町村執務要覧 全 第2分冊	大成館編輯局	ISBN978-4-7972-6634-4	58,000 円
929	府県会規則大全　附 裁定録	朝倉達三、若林友之	ISBN978-4-7972-6635-1	28,000 円
930	地方自治の手引	前田宇治郎	ISBN978-4-7972-6636-8	28,000 円
931	改正 市制町村制と衆議院議員選挙法	服部喜太郎	ISBN978-4-7972-6637-5	28,000 円
932	市町村国税事務取扱手続	広島財務研究会	ISBN978-4-7972-6638-2	34,000 円
933	地方自治制要義 全	末松偕一郎	ISBN978-4-7972-6639-9	57,000 円
934	市町村特別税之栞	三邊長治、水谷平吉	ISBN978-4-7972-6640-5	24,000 円
935	英国地方制度 及 税法	良保両氏、水野遵	ISBN978-4-7972-6641-2	34,000 円
936	英国地方制度 及 税法	髙橋達	ISBN978-4-7972-6642-9	20,000 円
937	日本法典全書 第一編 府県制郡制註釈	上條慎蔵、坪谷善四郎	ISBN978-4-7972-6643-6	58,000 円
938	判例挿入 自治法規全集 全	池田繁太郎	ISBN978-4-7972-6644-3	82,000 円
939	比較研究 自治之精髄	水野錬太郎	ISBN978-4-7972-6645-0	22,000 円
940	傍訓註釈 市制町村制 並ニ 理由書〔第三版〕	筒井時治	ISBN978-4-7972-6646-7	46,000 円
941	以呂波引町村便覧	田山宗堯	ISBN978-4-7972-6647-4	37,000 円
942	町村制執務要録 全	鷹巣清二郎	ISBN978-4-7972-6648-1	46,000 円
943	地方自治 及 振興策	床次竹二郎	ISBN978-4-7972-6649-8	30,000 円
944	地方自治講話	田中四郎左衛門	ISBN978-4-7972-6650-4	36,000 円
945	地方施設改良 訓諭演説集〔第六版〕	鹽川玉江	ISBN978-4-7972-6651-1	40,000 円
946	帝国地方自治団体発達史〔第三版〕	佐藤亀齢	ISBN978-4-7972-6652-8	48,000 円
947	農村自治	小橋一太	ISBN978-4-7972-6653-5	34,000 円
948	国税 地方税 市町村税 滞納処分法問答	竹尾高堅	ISBN978-4-7972-6654-2	28,000 円
949	市町村役場実用 完	福井淳	ISBN978-4-7972-6655-9	40,000 円

巻数	書　名	編・著者	ISBN	本体価格
878	明治史第六編 政黨史	博文館編輯局	ISBN978-4-7972-7180-5	42,000円
879	日本政黨發達史 全〔第一分冊〕	上野熊藏	ISBN978-4-7972-7181-2	50,000円
880	日本政黨發達史 全〔第二分冊〕	上野熊藏	ISBN978-4-7972-7182-9	50,000円
881	政党論	梶原保人	ISBN978-4-7972-7184-3	30,000円
882	獨逸新民法商法正文	古川五郎、山口弘一	ISBN978-4-7972-7185-0	90,000円
883	日本民法鼇頭對比獨逸民法	荒波正隆	ISBN978-4-7972-7186-7	40,000円
884	泰西立憲國政治攬要	荒井泰治	ISBN978-4-7972-7187-4	30,000円
885	改正衆議院議員選擧法釋義 全	福岡伯、横田左仲	ISBN978-4-7972-7188-1	42,000円
886	改正衆議院議員選擧法釋義 附 改正貴族院令,治安維持法	犀川長作、犀川久平	ISBN978-4-7972-7189-8	33,000円
887	公民必携 選擧法規ト判決例	大浦兼武、平沼騏一郎、木下友三郎、清水澄、三浦數平	ISBN978-4-7972-7190-4	96,000円
888	衆議院議員選擧法輯覽	司法省刑事局	ISBN978-4-7972-7191-1	53,000円
889	行政司法選擧判例總覽―行政救濟と其手續―	澤田竹治郎・川崎秀男	ISBN978-4-7972-7192-8	72,000円
890	日本親族相續法義解 全	髙橋捨六・堀田馬三	ISBN978-4-7972-7193-5	45,000円
891	普通選擧文書集成	山中秀男・岩本溫良	ISBN978-4-7972-7194-2	85,000円
892	普選の勝者 代議士月旦	大石末吉	ISBN978-4-7972-7195-9	60,000円
893	刑法註釋 巻一～巻四(上巻)	村田保	ISBN978-4-7972-7196-6	58,000円
894	刑法註釋 巻五～巻八(下巻)	村田保	ISBN978-4-7972-7197-3	50,000円
895	治罪法註釋 巻一～巻四(上巻)	村田保	ISBN978-4-7972-7198-0	50,000円
896	治罪法註釋 巻五～巻八(下巻)	村田保	ISBN978-4-7972-7198-0	50,000円
897	議會選擧法	カール・ブラウニアス、國政研究科會	ISBN978-4-7972-7201-7	42,000円
901	鼇頭註釈 町村制　附 理由 全	八乙女盛次、片野続	ISBN978-4-7972-6607-8	28,000円
902	改正 市制町村制　附 改正要義	田山宗堯	ISBN978-4-7972-6608-5	28,000円
903	増補訂正 町村制詳解〔第十五版〕	長峰安三郎、三浦通太、野田千太郎	ISBN978-4-7972-6609-2	52,000円
904	市制町村制 並 理由書　附 直接間接税類別及実施手続	高崎修助	ISBN978-4-7972-6610-8	20,000円
905	町村制要義	河野正義	ISBN978-4-7972-6611-5	28,000円
906	改正 市制町村制義解〔帝國地方行政学会〕	川村芳次	ISBN978-4-7972-6612-2	60,000円
907	市制町村制 及 関係法令〔第三版〕	野田千太郎	ISBN978-4-7972-6613-9	35,000円
908	市町村新旧対照一覧	中村芳松	ISBN978-4-7972-6614-6	38,000円
909	改正 府県郡制問答講義	木内英雄	ISBN978-4-7972-6615-3	28,000円
910	地方自治提要 全　附 諸届願書式 日用規則抄録	木村時義、吉武則久	ISBN978-4-7972-6616-0	56,000円
911	訂正増補 市町村制問答詳解　附 理由及追輯	福井淳	ISBN978-4-7972-6617-7	70,000円
912	改正 府県制郡制註釈〔第三版〕	福井淳	ISBN978-4-7972-6618-4	34,000円
913	地方制度実例総覧〔第七版〕	自治館編輯局	ISBN978-4-7972-6619-1	78,000円
914	英国地方政治論	ジョージ・チャールズ・ブロドリック、久米金彌	ISBN978-4-7972-6620-7	30,000円

別巻　巻数順一覧【843 ～ 877 巻】

巻数	書　名	編・著者	ISBN	本体価格
843	法律汎論	熊谷直太	ISBN978-4-7972-7141-6	40,000 円
844	英國國會選擧訴願判決例 全	オマリー、ハードカッスル、サンタース	ISBN978-4-7972-7142-3	80,000 円
845	衆議院議員選擧法改正理由書 完	内務省	ISBN978-4-7972-7143-0	40,000 円
846	戇齋法律論文集	森作太郎	ISBN978-4-7972-7144-7	45,000 円
847	雨山遺稾	渡邉輝之助	ISBN978-4-7972-7145-4	70,000 円
848	法曹紙屑籠	鷺城逸史	ISBN978-4-7972-7146-1	54,000 円
849	法例彙纂 民法之部 第一篇	史官	ISBN978-4-7972-7147-8	66,000 円
850	法例彙纂 民法之部 第二篇〔第一分冊〕	史官	ISBN978-4-7972-7148-5	55,000 円
851	法例彙纂 民法之部 第二篇〔第二分冊〕	史官	ISBN978-4-7972-7149-2	75,000 円
852	法例彙纂 商法之部〔第一分冊〕	史官	ISBN978-4-7972-7150-8	70,000 円
853	法例彙纂 商法之部〔第二分冊〕	史官	ISBN978-4-7972-7151-5	75,000 円
854	法例彙纂 訴訟法之部〔第一分冊〕	史官	ISBN978-4-7972-7152-2	60,000 円
855	法例彙纂 訴訟法之部〔第二分冊〕	史官	ISBN978-4-7972-7153-9	48,000 円
856	法例彙纂 懲罰則之部	史官	ISBN978-4-7972-7154-6	58,000 円
857	法例彙纂 第二版 民法之部〔第一分冊〕	史官	ISBN978-4-7972-7155-3	70,000 円
858	法例彙纂 第二版 民法之部〔第二分冊〕	史官	ISBN978-4-7972-7156-0	70,000 円
859	法例彙纂 第二版 商法之部・訴訟法之部〔第一分冊〕	太政官記録掛	ISBN978-4-7972-7157-7	72,000 円
860	法例彙纂 第二版 商法之部・訴訟法之部〔第二分冊〕	太政官記録掛	ISBN978-4-7972-7158-4	40,000 円
861	法令彙纂 第三版 民法之部〔第一分冊〕	太政官記録掛	ISBN978-4-7972-7159-1	54,000 円
862	法令彙纂 第三版 民法之部〔第ニ分冊〕	太政官記録掛	ISBN978-4-7972-7160-7	54,000 円
863	現行法律規則全書（上）	小笠原美治、井田鐘次郎	ISBN978-4-7972-7162-1	50,000 円
864	現行法律規則全書（下）	小笠原美治、井田鐘次郎	ISBN978-4-7972-7163-8	53,000 円
865	國民法制通論 上巻・下巻	仁保龜松	ISBN978-4-7972-7165-2	56,000 円
866	刑法註釋	磯部四郎、小笠原美治	ISBN978-4-7972-7166-9	85,000 円
867	治罪法註釋	磯部四郎、小笠原美治	ISBN978-4-7972-7167-6	70,000 円
868	政法哲學 前編	ハーバート・スペンサー、濱野定四郎、渡邊治	ISBN978-4-7972-7168-3	45,000 円
869	政法哲學 後編	ハーバート・スペンサー、濱野定四郎、渡邊治	ISBN978-4-7972-7169-0	45,000 円
870	佛國商法復説 第壹篇自第壹巻至第七巻	リウヒエール、商法編纂局	ISBN978-4-7972-7171-3	75,000 円
871	佛國商法復説 第壹篇第八巻	リウヒエール、商法編纂局	ISBN978-4-7972-7172-0	45,000 円
872	佛國商法復説 自第二篇至第四篇	リウヒエール、商法編纂局	ISBN978-4-7972-7173-7	70,000 円
873	佛國商法復説 書式之部	リウヒエール、商法編纂局	ISBN978-4-7972-7174-4	40,000 円
874	代言試驗問題擬判録 全 附録明治法律學校民刑問題及答案	熊野敏三、宮城浩蔵 河野和三郎、岡義男	ISBN978-4-7972-7176-8	35,000 円
875	各國官吏試驗法類集 上・下	内閣	ISBN978-4-7972-7177-5	54,000 円
876	商業規篇	矢野亨	ISBN978-4-7972-7178-2	53,000 円
877	民法実用法典 全	福田一覺	ISBN978-4-7972-7179-9	45,000 円

別巻　巻数順一覧【810～842巻】

巻数	書名	編・著者	ISBN	本体価格
810	訓點法國律例 民律 上卷	鄭永寧	ISBN978-4-7972-7105-8	50,000円
811	訓點法國律例 民律 中卷	鄭永寧	ISBN978-4-7972-7106-5	50,000円
812	訓點法國律例 民律 下卷	鄭永寧	ISBN978-4-7972-7107-2	60,000円
813	訓點法國律例 民律指掌	鄭永寧	ISBN978-4-7972-7108-9	58,000円
814	訓點法國律例 貿易定律・園林則律	鄭永寧	ISBN978-4-7972-7109-6	60,000円
815	民事訴訟法 完	本多康直	ISBN978-4-7972-7111-9	65,000円
816	物權法（第一部）完	西川一男	ISBN978-4-7972-7112-6	45,000円
817	物權法（第二部）完	馬場愿治	ISBN978-4-7972-7113-3	35,000円
818	商法五十課 全	アーサー・B・クラーク、本多孫四郎	ISBN978-4-7972-7115-7	38,000円
819	英米商法律原論 契約之部及流通券之部	岡山兼吉、淺井勝	ISBN978-4-7972-7116-4	38,000円
820	英國組合法 完	サー・フレデリック・ポロック、榊原幾久若	ISBN978-4-7972-7117-1	30,000円
821	自治論 一名人民ノ自由 卷之上・卷之下	リーバー、林董	ISBN978-4-7972-7118-8	55,000円
822	自治論纂 全一册	獨逸學協會	ISBN978-4-7972-7119-5	50,000円
823	憲法彙纂	古屋宗作、鹿島秀麿	ISBN978-4-7972-7120-1	35,000円
824	國會汎論	ブルンチュリー、石津可輔、讃井逸三	ISBN978-4-7972-7121-8	30,000円
825	威氏法學通論	エスクバック、渡邊輝之助、神山亨太郎	ISBN978-4-7972-7122-5	35,000円
826	萬國憲法 全	高田早苗、坪谷善四郎	ISBN978-4-7972-7123-2	50,000円
827	綱目代議政體	J・S・ミル、上田充	ISBN978-4-7972-7124-9	40,000円
828	法學通論	山田喜之助	ISBN978-4-7972-7125-6	30,000円
829	法學通論 完	島田俊雄、溝上與三郎	ISBN978-4-7972-7126-3	35,000円
830	自由之權利 一名自由之理 全	J・S・ミル、高橋正次郎	ISBN978-4-7972-7127-0	38,000円
831	歐洲代議政體起原史 第一册・第二册／代議政體原論 完	ギゾー、漆間眞學、藤田四郎、アンドリー、山口松五郎	ISBN978-4-7972-7128-7	100,000円
832	代議政體 全	J・S・ミル、前橋孝義	ISBN978-4-7972-7129-4	55,000円
833	民約論	J・J・ルソー、田中弘義、服部德	ISBN978-4-7972-7130-0	40,000円
834	歐米政黨沿革史總論	藤田四郎	ISBN978-4-7972-7131-7	30,000円
835	内外政黨事情・日本政黨事情 完	中村義三、大久保常吉	ISBN978-4-7972-7132-4	35,000円
836	議會及政黨論	菊池學而	ISBN978-4-7972-7133-1	35,000円
837	各國之政黨 全〔第1分册〕	外務省政務局	ISBN978-4-7972-7134-8	70,000円
838	各國之政黨 全〔第2分册〕	外務省政務局	ISBN978-4-7972-7135-5	60,000円
839	大日本政黨史 全	若林淸、尾崎行雄、箕浦勝人、加藤恒忠	ISBN978-4-7972-7137-9	63,000円
840	民約論	ルソー、藤田浪人	ISBN978-4-7972-7138-6	30,000円
841	人權宣告辯妄・政治眞論一名主權辯妄	ベンサム、草野宣隆、藤田四郎	ISBN978-4-7972-7139-3	40,000円
842	法制講義 全	赤司鷹一郎	ISBN978-4-7972-7140-9	30,000円